KB275025

마을전쟁

지방과 마을로 간 체제전쟁
마을전쟁

1쇄 발행일	2026년 01월 05일
지은이	이희천
발행인	이희천
펴낸곳	도서출판 대추나무
디자인	오종국 (Design CREO)
주소	인천광역시 남동구 문화서로 3번길 14-7, 101호
전화	010-8799-1500, 032-421-5128
팩스	032-422-5128
등록번호	제231-99-00699호

정가 18,000원

ISBN 979-11-978023-7-9 00300

지방과 마을로 간 체제전쟁

마을전쟁

VILLAGE WARS

국정원대공분야27년

이희천 지음

도서출판 대추나무

우리 마을이 위험하다

저자는 행정학(학사, 석사)을 전공했고, 지방행정 분야로 석사 논문(지방교부세)을 쓰는 등 지방문제에 관심을 가지고 연구해 본 경험이 있다. 또한 국정원 산하 교육기관에서 역사, 사상 등 정신교육을 담당한 교수로서 좌익세력의 실체와 전략 등을 연구하고 가르쳐 온 사람이다.

그렇기 때문에 대한민국 하부 지방과 읍·면·동에서 활동하는 좌익세력의 실상에 대해 비교적 정확히 파악하고 있었다. 특히 저자가 지방 마을의 심각성을 깨닫고 마을운동에 본격 나서게 된 것은 2021년 2월초 김승규 전 국정원장으로부터 "주민자치기본법안이 발의되었는데, 검토해 보라"는 부탁을 받고부터였다.

저자는 주민자치기본법안을 읽는 순간, 전기로 감전된 것과 같은 충격을 받았다. '만약 이 법안이 통과된다면 대한민국 체제가 바뀌는 중차대한 문제가 발생할 것'으로 판단했다. 그래서 국민들을 깨우기 위해 8일 만에 "주민자치기본법 공산화의 길목"이라는 책을 만들고 전국 순회강연회에 나섰다. 여러 애국자들이 적극 협조해 준 덕분으로 가까스로 법안 통과를 저지할 수 있었다.

그런데 지금 그러한 악법들이 다시 발의되고 통과될 위험에 처해 있다. 대한민국세력은 "우리 마을이 위험하다. 우리 마을은 우리가 스스로 지켜야 한다"는 자각을 가지고 이웃들에게 사실을 전파하는 수단으로 활용하기를 바란다.

이 책과 핵심 내용이 전국 지방 3,560여 개 읍·면·동까지 전파됨으로써 주민깨우기운동이 거세게 일어나기를 소망한다.

2026년 01월 05일

저자 이희천

꼬리를 잡아 몸통을 흔든다

이재명의 지방정책, "꼬리를 잡아 몸통을 흔든다"

이재명 정권은 중앙정부(입법부, 행정부, 사법부 등)를 장악한데 이어 하부 지방자치단체와 읍·면·동을 장악하기 위해 나서고 있다.

이재명은 이미 2017년 1월 저술한 자서전인 『이재명, 대한민국 혁명하라』의 '지방자치' 편 제목인 "꼬리를 잡아 몸통을 흔든다"는 문구가 현실로 나타나고 있는 듯하다.

이재명 정권의 마을정책, 좌익 영구집권체제 꿈꾸는 듯

2026년 지방선거를 앞둔 2025년 말, 좌익 마을활동가들의 움직임이 부산하다. 지방과 마을을 장악할 수 있는 법제화를 위해 여당에 압박을 가하고 있다. 이재명 정권도 마을활동가들의 요구에 호응하여 각종 법안과 정책들을 줄줄이 준비하고 있다.

이러한 지방과 마을 관련 법안들과 정책들이 실현된다면 어떤 결과가 나타날까?

좌익 중앙정치세력과 좌익 마을세력의 연합에 의한 좌익 영구집권체제가 구축될 것이다. 베네수엘라 차베스-마두로정권이 개발한 좌익 영구집권모델과 유사하다. 노무현정권 때부터 베네수엘라 지방 마을통치 시스템을 벤치마킹하기 위해 노력했는데, 드디어 한국형 좌익 영구집권모델이 등장하는 듯하다.

이재명 정권의 지방정책, 문 정권의 노력 결과물

이재명 정권이 이러한 지방정책을 완결한다면, 이는 문재인 정권이 5년 동안 집요하게 지방분권 전략을 추진한 덕분이라고 할 것이다. 문재인 정권은 2018년 3월 대통령실 산하에 자치분권위원회를 설치하여 주요 정부

부처 장관들과 모든 시·도 자치단체장들까지 참여시킨 가운데, 좌익형 지방분권정책을 줄기차게 추진했었다. 그 바탕이 있었기에 지금과 같은 좌익 마을활동가세력과 다양한 마을활동가 조직들이 형성될 수 있었다.

국민들, 좌익형 지방분권과 주민자치의 위험성 너무 몰라

지방분권과 지방자치는 헌법에 보장된 자유민주주의 체제를 보다 더 현실화하기 위한 제도인데, 이것이 자유민주주의 체제를 무너뜨리고 사회주의체제로 전환하는 도구로 악용되고 있는 것이 현실이다. 제도가 아무리 좋아도 그 제도를 운영하는 자가 나쁜 세력이면 나쁜 제도가 되는 것이다. 어머니가 쓰는 칼도 강도가 쓰면 흉기가 되는 것과 같다.

지금 대한민국에서 중앙정부의 적화도 위험하지만, 그보다 더 위험은 지방 마을의 적화다. 왜냐하면, 중앙의 적화 현실에 대해서는 모든 국민들이 관심을 갖고 비판활동을 하고 있지만, 지방 마을의 적화 현실에 대해서는 너무 몰라 속수무책 당할 위험성이 크기 때문이다.

실상 알리는 주민깨우기운동이 최적의 해법

대한민국의 모든 국민과 기업, 단체, 교회들도 반드시 시·군·구 산하 읍·면·동 마을에 주소를 두고 있다. 그러므로 대한민국의 하부 지방과 읍·면·동 마을이 적화되면 대한민국의 모든 주체들이 적화의 피해를 볼 것이다. 전체 마을의 적화는 곧 대한민국의 적화다.

그러면, 대한민국세력이 할 수 있는 최적의 대응방법은 무엇일까? 5,200만 국민들 모두에게 이 실상을 있는 그대로 알리는 것이다. 그것이 유일한 해법이고, 근원적 해법이다.

우리는 지방과 마을의 좌익 실상을 알기 위해 먼저 좌익 마을활동가들이 언제 어떻게 만들어졌고 확산되었는지 살펴보는 것이 우선이다. 그런 후 문재인 정권의 지방분권정책과 좌익 마을활동가들이 꿈꾸는 마을공화국이 어떤 것인지 구체적으로 살펴보는 것이 순서일 것이다. 이어 좌익 마을활동가들을 활용한 이재명 정권의 지방과 마을 정책은 어떤 내용인지 살펴볼 것이다.

차례

C O N T E N T S

01 | "이웃이 제일 두렵더라"… 6·25전쟁과 '인민위원회'

좌익 마을공동체의 최종 목적

우리 몸이 말초 세포로 구성되어 있듯이 대한민국이라는 국가는 지방조직과 말단의 3,560여 개 읍·면·동 마을로 이루어져 있다. 그러므로 지방의 모든 읍·면·동을 장악하면 결국 국가 전체를 장악하는 결과를 낳는다. 공산·사회주의 세력은 항상 하부의 말단 세포조직에서 시작해 중앙을 장악하는 전략 전술을 사용한다.

좌익 마을활동가들은 오래전부터 지방과 마을로 스며들어 좌익 마을공동체를 만들어 갔다. 문재인 정권 출범 후 주민자치회를 전국적으로 만들려는 것도 좌익 마을활동가들로 하여금 지역의 주민과 유권자들을 장악하도록 하는데 목적이 있었다. 이로써 선거 압승을 통해 영구집권을 도모하는 것이 최종 목적이다.

다시 마을로 간 체제전쟁

대한민국은 지금 체제전쟁 중이다. 문재인 정권은 대한민국을 사회주의 체제로 변혁하기 위해 치열하게 노력했고, 대한민국의 자유민주주의 체제를 지키려는 세력은 이에 맞서 저항했다. 지금 대한민국에선 자유민주주의 체제를 유지하느냐, 공산·사회주의 체제로 가느냐를 두고 치열한 체제전쟁이 벌어지고 있다.

이러한 체제전쟁, 사상전쟁은 대통령선거와 총선 때는 물론 지방선거 때도 벌어지고 외교·대북·안보·경제 정책 등을 둘러싸고도 치열하게 대립하고 있다. 좌익 국민과 우익 국민 간의 사상 갈등은 계기가 있을 때마다 일어나고 있다. 직장 내에서나 친구 사이, 심지어 부모와 자식 간·부부간에도 분출하곤 한다.

현재 일어나고 있는 이러한 사상갈등, 체제전쟁이 얼마나 위험한지를 알려면 6·25전쟁 당시 마을에서 겪었던 비극을 살펴보는 것이 필요하다.

6 25전쟁 당시 후방에서 일어난 체제전쟁

6·25전쟁은 세계전쟁사 중에서도 민간인 피해가 가장 컸던 전쟁이었다. 군인 전사자도 많았지만, 전선이 아닌 후방 마을의 개울가·우물·방공호 등 곳곳에서 수많은 민간인 시신들이 집단적으로 발견되었다.

군인들이야 무기를 가지고 싸우기 때문에 수많은 전사자가 생길 수밖에 없지만, 전투도 없었던 후방 마을의 우물가, 방공호, 개울가, 구덩이 등 곳곳에서 수많은 집단학살 시신들이 발견된 것일까. 어떤 사람들의 시신일까. 이들을 죽인 사람들은 누구일까. 도대체 왜 이런 현상이 일어난 것일까. 이것을 제대로 분석하지 않고는 6·25전쟁의 전모를 이해할 수 없다. 우리는 전쟁의 반쪽만 알고 있는 셈이다.

6·25전쟁, 마을에서 일어난 체제전쟁의 비극

6·25전쟁은 사상전, 체제전쟁이었기 때문에 군인들(공산군 : 유엔군)뿐 아니라 마을에 있는 민간인들끼리도 좌-우

로 나누어져 치열하게 싸우며 죽이고 죽는 비극적인 현상이 벌어진 것이다.

전쟁이 일어나 북한군이 남한 각 마을에 나타나자, 각 마을에 있던 좌익 주민들은 북한군 환영대회를 개최하고 '붉은 완장'을 차고 북한군 앞잡이 노릇을 하였다. 이들은 경찰·군인·공무원·지주·자본가 가족과 반공 인사 등을 이른바 반동분자로 지목한 살생부를 만든 후 집집마다 찾아다니며 색출, 체포하는 작업에도 앞장섰다. 이들을 인민재판을 통해 처형, 구속하거나 무단 처형하는데도 적극 앞장섰다.

우익인사들은 북한군과 남한 좌익 협조자들의 눈을 피해 산으로 도피하거나 비밀 방공호나 마루 밑 구덩이를 파고 숨는 등 생존을 위한 사투를 벌였다. 인천상륙작전(9.15)과 서울수복(9.28)으로 전세가 역전되고 북한군이 북으로 올라갈 때까지 3개월 동안 이런 고통스런 피난 생활을 했다.

6·25전쟁을 겪은 세대는 왜 주민자치회를 두려워할까

6·25전쟁을 겪은 노인들은 한결같이 마을에서 확산되는 좌익 활동가들과 좌익형 주민자치회에 대해 극도의 두려움을 나타내곤 한다. 무슨 연유일까? 자신이 6·25전쟁 때 겪었던 인민위원회가 떠올랐기 때문이다.

한 노인은 저자의 주민자치회 특강을 들은 후 찾아와 "선생의 주민자치회 설명을 들으니, 6·25전쟁 때 본 인민위원회가 떠오른다"고 말했다. 그는 서울이 고향이었는데, 피난을 가지 못했다고 한다. 마침 옆집이 인민위원회 사무실로 쓰여서 거기서 일어난 일을 생생히 목격했다고 했다. 그는 "마을의 좌익들은 동네 우익들을 체포해 인민재판을 통해 처단하기도 했지만, 인민위원회 사무실에서 무단 처형하는 것도 수없이 목격했다"고 말하면서 연신 손을 부르르 떨었다. 그는 "마을 주민들을 둘로 나누고 적대시하도록 하는 공산주의가 얼마나 위험한지 모른다"고 거듭거듭 강조했다.

인천상륙작전 이후, 일어난 엄청난 집단학살극

1950년 9월15일 인천상륙작전으로 전세가 역전되자, 북한군은 그동안 체포해 두었던 이른바 반동분자들 즉, 우익 주민들을 집단학살하고 후퇴했다. 1950년 10월20일 "반동분자를 처형하라"는 전선사령관 김책의 지시에 따른 조치였다.

이때 북한군은 전국 각지에 산재한 형무소(지금의 교도소)와 내무서(우리의 경찰서) 유치장에 가둬 두었던 우익 주민들을 집단학살하고 북으로 올라갔다. 대표적인 곳이 대전형무소(6,000여 명)와 전주형무소(1,000여 명)이다.

이때 집단 학살당한 사람들은 전국 각지 마을에서 체포된 우익 주민들이었고, 이들을 체포한 사람은 주로 각 마을에서 북한군 앞잡이 노릇을 했던 좌익 주민들이었다.

6·25전쟁 최대 학살자… '좌익 이웃'

유엔군과 국군은 인천상륙작전 개시(9.15) 후 13일 만인 9월28일 서울을 되찾았다. 이를 '서울수복'이라고 한다.

그즈음 북한군은 각지에서 자행하던 집단학살을 멈추고 재빨리 북으로 후퇴했다.

북한군이 후퇴하자, 그동안 북한군을 도왔던 남한 각지 마을의 좌익부역자들은 두려움에 떨면서 인근 산으로 피신해 빨치산이 되었다. 이들은 상황을 관찰하면서 지역 주민들 중 자신들을 고발할 위험성이 있는 기독교인·우익 주민들과 그 일가친척 등을 집단 학살하는 사건들을 일으켰다.

서울수복 이후 좌익부역자들에 의해 일어난 집단학살극은 북한군이 점령했던 지방 곳곳에서 일어났는데, 그중에서도 전라남도에서 가장 많은 희생자가 났다. 영광군의 경우, 2만여 명 이상의 희생자가 발생하였다고 한다.

이렇듯 북한군이 북으로 후퇴한 후 남한의 좌익 주민들에 의해 집단 학살된 민간인 수가 북한군이 점령하고 있던 기간보다 많았다고 한다. 마을에서 일어난 체제전쟁이 얼마나 참혹하고 비극적인지를 잘 보여주는 사례라 할 것이다.

6·25전쟁 기간 북한군과 남한 좌익 주민들에 의해 학살된 우익 주민들의 피해자 숫자는 명확한 명단으로 있는 것만 해도 6만여 명이며, 1952년 정부가 발표한 자료에는 피살자 총 12만 8천여 명이라는 기록이 있다. 전국 방방곡곡에서 반동분자로 지목돼 희생당한 대한민국세력의 울부짖음이 들리는 듯하다.

북한지역 곳곳에서 발견된 마을 우익들의 집단시신들

이러한 남한 각지에서 일어난 북한군과 좌익 주민에 의한 우익 주민에 대한 학살극은 북한지역에서도 그대로 일어났다.

인천상륙작전과 서울수복 이후 국군과 미군은 10월9일부로 38선을 통과해 북진하기 시작했다. 그런데 국군과 유엔군은 북한 전역에서 발견되는 수많은 집단시신을 보고 놀라지 않을 수 없었다. 시신들이 발견된 지역은 황해도, 평안남·북도, 함경남·북도, 강원도 등 북한 전역이었다. 시신들이 집단으로 발견된 장소는 교화소(감

옥)·정치보위부·내무서(우리의 경찰서)·동굴·터널·방공호·
공동묘지·우물·개울·저수지·바다 등 다양했다.

북한지역에서 대표적 집단학살 지역인 함북 함흥의 경
우, 2만여 명 이상이 학살당했다. 함흥지역은 동굴이 많
은 지역이었는데, 함흥 북쪽 덕산 니켈광산 6,000여 구,
함흥 뒷산 반룡산 반공굴 8,000여 구 등 동굴에서 수많
은 시신들이 발견되었다. 함흥감옥(700여 구), 충령탑 지
하실(200여 구), 국가보위부 지하실(300여 구) 등에서도 발
견이 되었다.

김인호 씨는 평양에서 미군 부대의 첩보 요원으로 활동
하다 잡혀 함흥지역으로 끌려와 덕산 니켈광산에서 죽
음을 당하려다 함흥교화소로 옮겨졌다. 그는 학살 직전
미군 진입으로 간신히 도피해 살아남았고, 이후 시체 발
굴단원으로 활동했다고 한다. 목격자들에 따르면 사람
들을 동굴로 넣은 후 다이너마이트를 입구에 폭파해 질
식사시켰다고 한다.

이러한 집단학살극은 함북 함흥뿐 아니었다. 함남 영흥, 그리고 평남 평양 칠골리 2,500여 구, 승호리 4,000여 구, 황해도 신천·재령 3만5,000여 구 등 북한 전역에서 집단시신이 발견된 것이다.

학살당한 사람들은 누구일까? 학살한 사람은 누구일까? 당시를 기술한 기록에 따르면, 국군과 유엔군이 38선을 통과해 북진을 개시하자(10월9일) 북한 정권은 북쪽으로 후퇴하면서 각 마을사람들을 선별, 집단학살을 하도록 명령을 내린 것이다. 이 명령에 따라 국가보위부·내무서 (경찰서)를 중심으로 각 마을의 좌익 주민들을 앞세워 처형할 사람을 선정하고 집단학살을 실행했다. 이들이 학살한 대상은 '반동분자'로 의심되는 사람들이었다. 그러므로 학살한 주체는 북한 정권과 이에 협조한 마을의 좌익 주민들이었고, 학살당한 사람은 북한지역 각 마을의 우익 주민들이었다.

오래전 한국학중앙연구원 한 간부로부터 들은 증언이다. 그는 함흥이 고향이었고, 6·25전쟁이 일어났을 때 아버지는 서울에 있었고, 동생은 함흥 고향에 있었다고 한다. 서울수복 이후 아버지는 군인들을 따라 고향인 함흥으로 갔는데, 아무리 찾아도 동생을 찾을 수 없었다고 한다. 어렵사리 동생을 찾았는데, 함흥교화소에 있는 우물 속에서 시신으로 발견되었다. 동생의 시신은 손발이 철사줄로 묶인 채로 우물 속에 단무지 담기듯 차곡차곡 쌓여 있었다고 했다. 그래서 누가 동생을 죽였나 수소문했더니, 동생의 친구가 죽였다는 것이었다. 왜 죽였나 추

궁했더니 자기 동생이 밤에 몰래 태극기를 만들어 이웃
에 돌리다 적발되었다는 것이다. 누가 죽였는지, 누가 죽
었는지를 잘 알게 해주는 생생한 증언이 아닐 수 없다.

북한에서의 집단학살을 증언한 기록들

한화룡 씨는 "1950년 황해도 신천 학살사건의 진실, 전
쟁의 그늘"이라는 책을 썼는데, 북한군이 미군에 쫓겨
북으로 후퇴하던 당시 상황을 상세히 잘 기술했다.

(조선노동당) 황해도 도당은 10월11일 철수 명령과 함께

정치보위부(우리의 국정원)와 내무서(북한의 경찰서)에 "반동들을 색출 검거하여 무자비한 숙청을 감행"하라는 명령을 하달했다. 처형 명령을 내리는 이유에 대해서는 "황해도 국방군(한국군)과 국제연합군(유엔군)에게 협력하는 자들을 말소시키고 도내의 반적대·구월산 학생유격대 등 무장 반동들과의 야합을 미연에(미리) 방지하기 위해서"라고 강조했다. 내무서는 이런 명령에 따라, 장차 들어올 유엔군과 국군에 협조할 가능성이 있는 인사들을 색출, 검거하여 '반동분자'라는 이름으로 집단학살을 자행한 것이다. 이때, 지역 사정과 인물들의 사상을 잘 아는 동네 좌익 주민들을 앞장세웠다.

평양교화소·함흥교화소·원산 인민교화소·해주교화소 등 북한 전역에 산재한 교화소(형무소)와 정치보위부 등에서도 집단시신이 발견되었다.

평양에 처음으로 도착한 1사단장 백선엽 장군의 수기 "군과 나"에도 집단학살 현장의 참혹한 양상이 생생하게 기록돼 있다.

"평양형무소에 들렀을 때다. 끔찍한 광경을 목격했다. 우물마다 시체가 가득하고 맨땅 곳곳에도 생매장한 시체가 헤아릴 수 없을 만큼 많았다. 적들은 납북 인사와 소위 그들이 말하는 '반동분자'를 모조리 학살하고 달아난 것이었다. 일대는 악취가 가득하여 숨쉬기조차 힘들었다."

공산국가들에서 공통적으로 있었던 '반동분자' 집단학살

공산·사회주의 사상은 자유시장경제 체제를 '자본주의 체제'라고 부르면서 '자본가들이 노동자 등을 착취하는 나쁜 체제'라고 혐오한다. 또한 자본가·지주 등 부자들과 경찰·군인·우익 인사 등 반공적 자유민주주의 체제 수호세력을 '반동분자'라고 매도하면서 이들을 제거해야 한다고 주장했다.

이 때문에 러시아나 폴란드 등 동유럽 국가들, 동남아시아의 베트남·캄보디아 등이 공산화되는 과정에서도 '반동분자 숙청'이라는 명분으로 자본가·지주 등 부자들과 반공세력을 학살하는 일이 공통적으로 일어났다.

02 | 좌익이 지배하는 '인민 독재' 세상에서 살고 싶은가?

다시 마을에서 일어나는 체제전쟁

6·25전쟁 당시 후방에서 일어난 체제전쟁은 70여 년이 지난 지금 대한민국 각 지역에서 다시 일어날 조짐을 보이고 있다. 지금 대한민국의 주사파 같은 공산·사회주의 사상을 가진 사람들이 귀촌·귀농 운동, 마을공동체 만들기운동 등을 통해 대한민국의 하부인 지방 읍·면·동까지 장악해가고 있기 때문이다.

특히 문재인 정권은 당시 좌익 마을활동가들이 지방 읍·면·동의 주도권을 장악하며 되돌리기 힘들 만큼 엄청난 기반을 닦았다. 이재명 정권이 등장하자, 이들은 호기를 놓칠세라 더욱 기세를 올리며 세력확장에 열을 올리고 있다. 앞으로 대한민국 하부조직에서 좌익세력의 영향력이 커지면 커질수록 좌우 사상갈등이 더욱 심화될 것이다.

인민민주주의 단계에서는 무슨 일이 일어나나?

문재인 정권 당시엔 대한민국에서 자유민주주의, 즉 자본주의 체제가 잘 유지되고 있다고 생각하는 사람이 많았다. 상대적으로 자유민주주의 체제가 허물어지고 있고 인민민주주의 체제, 사회주의 체제로 변해 가고 있다고 주장하는 사람은 소수에 지나지 않았다. 그만큼 국민들이 체제 변혁에 대한 인식이 둔했다는 뜻이다.

현재 우리나라에선 자유민주주의 체제가 곳곳에서 허물어지는 현상이 완연하게 나타나고 있다. 그러므로 지금 이러한 체제 변혁의 과정이 어디쯤 와 있으며, 앞으로 좌익세력을 억제하지 않으면 어떤 과정을 거쳐 체제가 바뀌게 될지를 살펴봐야 한다.

공산·사회주의 세력이 정권을 잡았다고 해서 바로 자본주의 체제에서 사회주의 체제로 일시에 변화되기는 어렵다. 그래서 공산·사회주의자들도 자본주의 체제에서 사회주의 체제로 바꾸는 과정에서 인민민주주의라는 중간단계, 즉 완충 단계를 거쳐야 한다고 보고 있다.

인민민주주의는 노동자·농민의 독재 체제

586운동권은 인민민주주의를 '민중민주주의'라는 완곡한 용어로 표현함으로써 일반 대중, 즉 국민을 현혹한다. 그러나 알고 보면 민중민주주의란 결국 인민민주주의로서, 이는 프롤레타리아독재를 의미하는 것이다. 프롤레타리아독재란 노동자 · 농민의 독재를 말하는데, 우리식 표현으로 하면 '좌익 독재정권' 정도가 될 것이다. 지금 이재명 정권의 경우, 그런 상태에 진입했다고 할 수 있다.

좌익 독재체제를 구축하는 프로세스

좌익세력은 부르주아(자본주의)체제에서 사회주의체제로 변혁하는 중간단계로서 '프롤레타리아독재' 체제를 설정하고 있다. 이를 인민민주주의체제라고 포장을 하는데, 우리나라 좌익세력은 반공체제 하에서 사상적 실체를 감추기 위해 민중(인민)민주주의 체제라고 각색해 표현한다. 이러한 과도적 단계에서는 자본주의 체제의 잔재를 완전히 없애지 못했지만, 좌익세력이 우익세력을 억압하고 지배하는 좌익독재 상태를 의미하는 것이다. 지금 대한민국이 이러한 상태로 진입했다고 할 수 있다.

자본주의 체제에서 인민민주주의 체제를 거쳐 사회주의 체제가 안착하는 데는 수많은 체제 변혁 조치들이 필요하다. 그중 가장 중요한 포인트는 정권을 잡는 것이고 그런 후 기존 권력기관의 구성원들을 제거하고 자신들의 우호세력으로 재편하는 것이다. 그리고 체제 변혁에 반대하는 체제수호 세력을 어떻게 약화시킬 것이냐가 중요하다. 그래서 지주, 자본가, 반공세력 등을 제거하기 위해 토지개혁, 산업개혁, 적폐 청산 등을 전개하는 것이다. 이러한 조치를 취할 때 법령 개정을 통해 합법적인 모양새를 갖추고, 민중들의 지지를 상실하지 않도록 선전 선동과 함께 당근을 주면서 단행한다.

세계 공산국가들의 공통적인 공산화 과정

세계 공산국가들이 체제 변혁을 위해 가장 먼저 한 일

은 정권을 잡는 것이었다. 이것은 여러 공산국가가 공산화 과정에서 공통적으로 드러낸 양상이다. 소련군 진주 등 무력으로 집권하기도 하고 내부 혁명을 통해 집권하기도 하며, 드물지만 1970년 칠레의 아옌데 정권이나 1998년 베네수엘라 차베스 정권·2017년 문재인 정권, 2024년 이재명 정권처럼 사회주의 지향 세력이 선거를 통해 집권해 체제를 바꾸는 경우도 있다.

정권을 잡은 후 체제를 바꾸기 위해서는 헌법과 법률을 바꿔야 한다. 그러려면 의회에서 다수 의석을 차지하는 것이 필수적이다. 이를 위해 공산·사회주의 정당은 부정선거로 압승을 하거나 정당 통합과정, 즉 통일전선전술을 반복하거나 반대 정당 탄압을 통해 압도적 1당을 만드는 등 갖은 방법을 동원해 일당 독재 체제를 구축하는 것이다.

그런 정치적 기반 다지기 작업이 끝나면 본격적인 체제 변혁 작업에 돌입한다. 그러나 막상 이 과정에선 피해를 보는 세력들에 의해 상당한 저항이 따르기 마련이다. 그러므로 체제 변혁은 어떻게 이 저항을 줄이거나 무력화시키면서 좀 더 순조롭게 진행하느냐가 관건이다. 이를 위해 공산·사회주의 세력은 국민의 지지를 더 많이 받기 위해 노력한다. 그렇게 해서 얻어 낸 '인민의 지지'라는 힘과 '인민민주주의'라는 명분으로 저항세력을 위축시키는 것이다.

이러한 과도적 단계를 거치면서 저항세력이 어느 정도 무력화되었다는 판단이 서면 그제야 본색을 완전히 드러내고 자본주의 잔재를 완전히 청산하고 사회주의 체제를 확립하는 것이다. 러시아(소련)를 비롯해 폴란드·헝가리·체코·동독 등 동유럽 공산국가들, 베트남 등 모든 공산국가가 이러한 경로를 거쳐 사회주의 체제를 만들어 갔다.

북한의 공산화 과정은 어떻게 진행되었을까

소련군은 1945년 8월9일 북한에 진주한 후 북한 전역에 인민위원회 등 말단 통치기구를 설치하고 주민들을 참여시키는 등 통치권 장악에 나섰다. 소련군은 초기에 북한 내에 친소 좌익세력이 미약했으므로 현혹·설득·반강제적 압박 등의 방법으로 구색갖추기 차원에서 우익세력을 인민위원회 등에 참여시켜 활용했다.

소련군은 우선 8월 말 소련의 시베리아 지역 하바로프스크 소재 88여단에 있던 김일성이란 인물을 물색한 후 스탈린의 낙점을 거쳐 북한 통치자로 선정했다. 그리고 9월14일 그를 북한으로 귀국시킨 후 북한 통치자로 전면에 내세웠다.

소련군과 김일성은 조만식이 이끄는 조선민주당 등 부르주아 정치세력, 즉 자본주의 우익세력을 설득하고 속이는 방법을 써서 서서히 김일성 세력이 주도권을 잡도록 했다. 이 과정에서 김일성은 조만식 선생에게 "대통령으로 모시겠다"며 거짓말로 유혹해 헷갈리게 하기도 했다.

그렇게 주도권을 잡은 소련군과 김일성은 12월 모스크바삼상회의를 계기로 민족진영이 반탁(反託) 투쟁을 벌이자, 본격적으로 이들을 탄압·제거하고 정치적 주도권을

확실히 장악했다. 이어서 1946년 들어 본격적으로 김일
성을 전면에 내세우며 인민민주주의 좌익독재 체제로의
전환을 본격화했다.

소련군과 김일성 세력은 1946년 2월 김일성을 위원장
으로 하는 '북조선 임시인민위원회'라는 사실상의 정부
를 수립했다. 그리고 곧이어 3월에 토지개혁 법령을 제
정하면서 25일 만에 북한 전역의 토지개혁을 전격적으
로 완료했다.

북한정권 수립과 사회주의개혁 조치

0 **북조선임시인민위원회
조직(1946.2)**
(최초 중앙주권기관,
사실상의 정부)

0 **체제 변혁 조치(법령)**

- **토지개혁령(1946.3)**

- **중요산업 국유화령**
  (1946. 8), 중요 산업의
  중요 기업들, 국유화
  조치(전체산업 90%) 등

0 **북조선인민회의**(입법부)
설치(1946.11)

북조선임시인민위원회 창립(1946.2)

토지개혁
(1946.3)

당시 북한의 토지개혁은 마을별로 빈농과 머슴·소작농 등 공산당에 우호적인 사람들로 구성된 농촌위원회가 주도했다. 이 토지개혁은 무상몰수, 무상분배 방식이었는 데, 북한 정권이 지주로부터 강제 몰수한 토지를 빈농·소작농 등 농민들에게 5정보(1정보=3000평) 기준으로 무상분배한 것이다.

03 | 우물 안 개구리는 죽진 않는다, 그러나 솥 안의 개구리는 죽는다

北정권, '무상분배' 내세운 '토지개혁'으로 농민 지지 얻어

'북조선 임시인민위원회'(1946.2)는 김일성이 주도한 사실상의 정부였다. 이 북한 정권이 가장 먼저 한 것은 '무상분배'를 내세운 전격적인 토지개혁이었다.

무상분배라 했지만 실제로 소유권을 분배한 것이 아니고 경작권만 준 것이다. 토지를 분배하면서 매매는 물론 상속·양도·담보도 허용하지 않았고, 타인에게 소작을 주는 것도 허용하지 않았다. 그리고 정부가 생산량의

25%(사실은 40~50%)를 강제 징수까지 했다. 그런데도 농민들은 내 땅을 갖고 싶다는 소원을 풀었다며 환호성을 올렸다. 토지 경작권을 분배받은 농민들은 급격하게 김일성 지지로 돌아섰다. 4,500여 명에 불과하던 공산당원은 토지개혁 직후 27만여 명으로 급증했다.

한편 농지를 빼앗긴 지주들은 48시간 내 그 마을을 떠나도록 강요받았다. 지주들은 졸지에 땅을 빼앗기고 다른 마을로 쫓겨가고 상당수는 남한으로 월남했다. 북한 정권은 토지개혁을 통해 체제저항세력인 지주들을 일거에 제거하는 데 성공한 것이다.

이렇듯 토지개혁은 북한 김일성 정권이 주도권을 장악하는 데 결정적 역할을 하였다. 김일성 정권에 비호감을 갖던 북한 주민들이 대거 김일성 지지로 돌아서게 했고, 사회주의 체제로 전환에 반대하는 저항세력을 한순간에 제거했기 때문이었다.

조상 대대로 소유했던 토지를 한순간에 몰수당한 20여만 명의 지주들은 고향에서 쫓겨나 타지로 가 막노동을 하거나 38선 이남으로 탈출해 빈민촌의 대명사인 해방촌(천막촌)을 만들었다.

북한에서 월남한 지주들은 대체로 지식인·자본가·기독교인 등이 많았고, 이들이 남한으로 내려와 공산주의가 위험하다고 알리는 반공 전사 역할을 하여 대한민국의 공산화를 막는 역할을 했다.

대기업 국유화소기업은 개인 소유 인정… 서민층을 정권 편으로

소련군과 김일성은 경제체제 개편에도 박차를 가해 1946년 8월 '중요산업 국유화령'을 제정해 중요 기업들의 소유권을 정권에 귀속시켰다. 이로써 기업의 80~90% 이상이 정권 소유가 되었다. 규모가 작은 기업들의 경우엔 개인 소유권을 빼앗지 않고 인정했다. 모두 회수하는 사회주의 체제 단계로 가려면 아직 저항이 너무 컸기 때문이다.

그러니까 지주·자본가 등 큰 부자들의 재산만 빼앗고 서민들의 작은 재산은 인정해 준 것이다. 이것이 프롤레타리아독재 체제의 특징이다. 우익을 억압하기는 하지만 자본주의 체제 잔재를 완전히 말소하지는 않는다. 완전히 빼앗으면 하층 민중들의 지지를 상실하기 때문이다.

공산화에 대해 저항하는 세력을 완전히 제거한 것은 6·25전쟁을 통해서였다. 특히 미군과 국군이 북진하던 10월9일 이후 북한 전역에 반동분자 숙청작업을 단행해 사회주의 체제로의 전환에 장애가 될 세력을 완전히 소탕한 것이다. 이제 체제전환에 저항할 세력이 없는 상태가 된 것이다. 그래서 6·25전쟁 직후 사회주의 체제를 확립할 수 있었던 것이다.

6·25전쟁 휴전 이후 사회주의 체제 확립

북한에서 모든 생산수단을 정권 소유로 집단화 조치를 한 것은 6·25전쟁이 끝난 이후부터였다. 먼저, 1953년 7월27일 휴전협정 조인 후 김일성 정권은 이를 토대로 사회주의 체제 확립작업에 나섰다.

북한 노동당은 '전 경제의 사회주의적 개조'라는 명목으로 일체의 생산수단 공유화를 주장했다. 북한 김일성 정권은 1953~58년 집단농장 제도를 만들어 모든 토지의 소유권을 개인에게서 협동농장으로 귀속시켰다. 토지의 사유제 폐지, 토지 집단화를 통해 전 국토의 사회주의화를 종결한 것이다.

또한, 전후 복구사업 3개년이 끝난 1956년, 전쟁의 영향으로 얼마 남지 않은 자본주의 체제의 기업 경영을 완전히 소멸시켰다. 모든 기업 등 산업의 소유권을 '국유화 조치'하여 경제적 사회주의 체제를 확립했다. 북한 정권은 이로써 얼마 남지 않은 자본주의 체제의 잔재 즉, 작은 사기업까지 모두 개인 소유권을 박탈하고 정권 소유로 돌려 집단화 조치했다.

나아가 주민의 노동력에 대한 관리도 정권이 장악해 통제했다. 이로써 북한은 1950년대 중·후반 모든 생산수단의 사유권 박탈과 정권 소유로의 이전 등을 통해 완전한 사회주의 체제를 확립했다. 이런 가운데 1956년 김일성은 종파 분쟁을 통해 반대파를 모두 제거함으로써 정치적으로도 1인 지배체제를 확립했다.

김일성 정권, 저항세력 제거 등 체제전환 과정

북한이 공산화 과정에서 저항세력을 어떻게 제거했는지 살펴보자.

먼저 지주·자본가들의 토지와 재산을 몰수해 남한으로 이탈하게 했고 이렇게 해서 대규모 월남 사태가 일어나자 그다음 6·25전쟁 당시인 1950년 10월 집단학살을 통해 남은 세력을 완전히 제거했다.

이로써 공산·사회주의 체제로의 변혁에 저항하는 세력을 대부분 제거한 다음 1953년부터 1958년에 걸쳐 사회주의 체제를 완벽하게 확립했다.

그러므로 북한이 사회주의 체제로 전환하는 과정은 일시에 이루어진 것이 아니었다. 1945년 8월 소련군이 진주해 체제 변혁 작업이 시작된 후 10여 년이라는 세월에 걸쳐 사회주의 체제를 확립한 것이다.

인민민주주의 단계, 사회주의 체제 만드는 준비과정

물론 사회주의 체제를 만드는 과도적 단계인 인민민주주의(프롤레타리아독재) 체제 기간의 특징은 강력한 독재체제로 운영한다는 것이다. 저항세력을 제압하고 자본주의 체제를 사회주의 체제로 전환하는 데 강력한 권력을 행사해야 하기 때문이다. 이를 인민민주주의라고 포장하는데, 실제는 프롤레타리아 계급에 의한 강력한 독재체제인 것이다. 요새 말로 하면 촛불세력이 보수세력을 억누르는 좌익독재인 것이다.

이렇듯 인민민주주의 단계에는 자본주의 세력을 완전히 제거하지는 않았다. 그러나 자본주의 세력을 우대한 것은 결코 아니다. 말이 민주주의이지 인민(프롤레타리아계급)이 부르주아 계급을 억압하고 박해를 통해 숨통을 점차 조여 가서 북한지역에서 이탈하도록 하는 등 저항세력을 제거하고 사회주의 체제를 만드는 준비과정이었다.

북한의 사회주의 체제 확립 과정이 주는 교훈

1946년 3월 토지개혁으로 내 땅이 생겼다고 좋아했던 북한 주민들은 1950년대 집단농장화 과정에서 토지개혁 때 받은 땅을 다시 빼앗기고 말았다. "빈민을 위한다", "평등한 세상 만든다", "공짜로 땅을 준다"는 '공산·사회주의 사기꾼'들의 달콤한 말에 속은 대가로 세계 최악의 김일성 정권을 세워 주고, 자신들의 자유와 권리를 박탈당했으며 이후 70년 이상 감옥살이와 같은 삶을 사는 참혹한 결말을 맞게 된 것이다.

역사적으로 공산·사회주의 국가들의 체제 변혁 과정을 보면 짧게는 몇 년, 길게는 십여 년 이상을 밀고 당기면서 서서히 변혁을 이루어 갔다. 이러한 과정에서 저항세력은 불가피하게 학살·투옥 등 피해를 본 것이다.

우리의 현주소… 서서히 뜨거워지는 솥 안의 개구리

지금까지 이야기한 북한의 적화사례는 강 건너 불구경하듯 할 사안이 아니다. 시대와 주변 상황, 우리나라의 경제 상황 등이 그때와는 다르기는 하지만 잘못하면 그런 유사한 전철을 밟아갈 수도 있다. 우물 안 개구리를 비웃지만 그 개구리는 그래도 죽진 않는다. 더 한심한 것은 서서히 뜨거워지는 솥 안에 든 개구리다. 그 개구리는 반드시 죽는다.

그렇다. 이제 달콤한 잠에서 깨어나 경각심을 가지고 우리 자신과 주변을 살피고 경계해야 할 때다. 좌익세력이 대한민국의 말단 하부조직에서부터 서서히 체제를 좀먹어 가고 있는 것을 이대로 두어서는 안 된다.

2장 다시 지방과 마을로 간 체제전쟁

01 | 다시 마을에서 일어나는 체제전쟁의 먹구름

대한민국 지방 마을에서도 내전 중

"대한민국은 지금 체제전쟁 중이다. 사회주의 체제로 바꾸려는 세력과 자유민주주의 체제를 지키려는 세력 간의 치열한 사상전쟁·체제전쟁이 일어나고 있다.

그런데 이러한 체제전쟁이 지금 전국 읍·면·동 마을 곳곳에서 일어나고 있다. 좌익세력이 대한민국의 하부 조직인 마을을 장악해 체제를 바꾸려 하기 때문이다. 대한민국의 하부 읍·면·동을 좌익이 완벽히 장악하느냐 우익이 되찾느냐에 따라 대한민국과 국민의 운명이 결정될 것이다.

이미 상당수 읍·면·동이 적화의 길로 들어섰다

좌익 마을활동가들은 빠른 속도로 대한민국의 하부 조직인 지방과 읍·면·동을 장악해가고 있다. 무엇보다 문제는 그 진격 속도가 상당히 빠르다는 것이다.

문재인 정권은 집권 5년 동안 '지방분권' 정책을 집요하게 추진했고, 그 연장 선상에서 주민자치기본법안 등 마을 장악 법안을 우후죽순처럼 발의했다. 이미 조례를 통해 1,400여 개 이상의 읍·면·동에서 좌익형 주민자치회가 시행되고 있고, 더 많은 읍·면·동이 다양한 우회적 방법으로 알게 모르게 좌익 마을활동가들에 의해 접수되고 있는 중이다.

좌익세력이 국가의 말단인 읍·면·동을 빠른 속도로 점령하고 있다는 것은 대한민국 상부가 그들 세력에 점령되었다는 증거다. 이미 입법부·행정부·사법부·언론계·학계·문화계 등이 좌익세력의 영향권 아래 들어갔고, 마지막 남은 대한민국 하부 읍·면·동 마을마저 그들에게 접수되어 가고 있는 형국이다.

02 | 귀촌·귀농운동과 좌익세력의 지방세력 확산

2000년대의 귀촌·귀농 운동과 좌익세력의 지방 확산

2002년 이후 서서히 도시를 떠나 지방으로 삶의 터전을 옮기는 귀촌·귀농 운동이 일어났다. 일자리가 줄어든 도시를 떠나 농촌으로 회귀한 것이다. 이러한 귀촌·귀농 운동은 노무현 정부 들어 본격화되었는데, 2000년대 후반으로 갈수록 폭발적으로 증가했다. 그리고 이것은 좌익성향 인사들이 어떤 목적과 의도를 가지고 계획적으로 주도한 측면이 많았다.

좌익세력은 2008년 5월 이후 3개월간 광화문광장에서 광우병 촛불시위를 일으켰다. 출범 100일 된 이명박 정부를 무너뜨리려는 정부전복을 노린 것이었다. 2008년 4.29 MBC PD수첩 "미국산 쇠고기 과연 광우병에서 안전한가"라는 프로의 방영이 기폭제가 되었다. 광화문광장에서 일어난 거대한 촛불시위에는 중고생들이 많이 참석했는데, 좌익세력의 선동으로 인해 '미국산 쇠고기를 먹으면 광우병에 걸려 뇌에 구멍이 뚫린다'는 불안심리가 만연했다.

광우병사태는 미국산 쇠고기에 불신에 그치지 않고 외국산 수입 먹거리 전체에 대한 불신과 함께 국내산 유기농 농산물에 대한 선호로 이어졌다. 이로 인해 좌익세력이 만든 대규모 유기농 농산물 유통업체들의 매출이 급등했다. 이로 인해 유기농 농업과 축산업을 하는 귀촌·귀농 인구가 더욱 늘어났다.

지방 마을로 의도적으로 들어가 정착한 좌익인사들은 마을 주민이 생산한 농산물을 좌익성향 유통망들을 통해 판매해 주는 등의 노력으로 마을 주민의 민심을 얻었다. 지역에서 마을학교·협동조합 등을 운영하며 능력도 인정받아 이장직을 차지하는 등 유지로 성장해 갔다. 이들은 지역 내 영향력과 유권자의 표심을 주도하고 있어 정치인들이 이들과의 연대와 교류를 무시할 수 없는 상태에 이르렀다. 결국, 강원도·충청도는 물론 경상도 등 보수적 농촌까지도 서서히 그들에게 우호적 성향과 문화로 바뀌어 간 것이다.

좌익성향 교육공동체 · 경제공동체 확산

2000년대 들어 좌익세력은 수도권에서 지방·도시 마을 등 대한민국 하부로 확산해 갔다. 이때 주민들을 끌어들이는 수단으로 마을학교 등 교육공동체와 협동조합·사회적기업 등 경제공동체를 주로 활용했다.

이제 우리는 전국 각지에서 설치된 다양한 좌익성향의 교육공동체를 주목해야 한다. 좌익성향의 교육감들이 주도해 2011년부터 설치한 혁신학교는 물론, 그 이전부터 만들어진 대안학교들도 지역별로 좌익세력을 확산하고 활동가를 양성하는 역할을 했다.

특히 마을 곳곳에 우후죽순처럼 만들어지고 있는 마을학교는 좌익 학생들을 배출해 사회주의 사상을 마을 속으로 지속 전파하는 인큐베이터 역할을 했다. 이러한 기반 위에 주민자치회 · 좌익 마을공동체가 만들어지는 것이다.

우후죽순처럼 확산된 좌익세력의 경제 생태계

좌익세력의 경제 생태계를 구성하는 요소로는 대형 생협, 다양한 소형 협동조합, 사회적기업 등이 있다.

대표적인 것으로 대형 소비형생활협동조합(생협)이 있는데, 이것은 1990년대 말부터 좌익 진영에서 만들어 확산시키기 시작했다. 이 중 잘 알려진 아이쿱생협도 1998년 좌익성향 6명이 만들었으며, 2007년 광우병 파동 때 매출이 5~6배로 급신장해 매출액 5,000억 원의 전국 매장을 거느린 대형 생협으로 우뚝 성장했다.

대형 생협으로는 아이쿱생협·한살림·두레연합·대학생협연합회·행복중심생협 등이 있다. 이들은 유기농 농산물 유통을 중심으로 운영되며 각 지역별 매장 등 전국조직을 가지고 있다.

이러한 대형 생협은 좌익성향의 다음과 같은 상생 네트워크 구조로 운영되고 있다. △생협이 농촌의 좌익 우호 생산자들의 농산물을 구매하며 △좌익성향 인물들을 직원으로 채용한다. △좌익성향 소비자들이 많이 구매해 준다. 이러한 성공적인 대형 생협이 신생 좌익 협동조합에게 기술을 전수하는 멘토 역할을 하는 것이다.

03 | 노무현정부 때부터 본격화한 베네수엘라 벤치마킹

2000년대 중반 노무현 대통령을 추종한 노사모 등 586 좌익세력은 사회주의 체제로의 변혁을 위해서는 마을을 장악해야 한다는 베네수엘라 통치 방식에 주목했다. 이들은 베네수엘라 통치 전문가들을 초청해 배우거나 베네수엘라 등 각국 사회주의 모델을 연구하는 세미나도 수시로 개최했다.

2003년 2월 이후 노무현정부 5년간 586 좌익세력은 참여민주주의·직접민주주의·풀뿌리민주주의 등을 내세우며 정치·행정 참여, 지방자치 참여 등 인민 민주주의식 대중 참여운동을 전개했다. 이러한 노선에 따라 귀촌·귀농 운동, 마을학교 개설, 마을기업 개설, 좌익 마을공동체 만들기 등 마을운동 붐이 일어나게 된 것이다.

베네수엘라 주민자치회 모델

문재인 정권이 전국 읍·면·동에 설치한 주민자치회는 베네수엘라 주민자치회(Consejos Comunales, 주민평의회)를 원용한 것이라는 것이 전문가들의 평가다. 우리나라 좌익세력이 베네수엘라 사회주의 통치방식을 연구하기 시작한 것은 노무현 정부 때부터이다. 노무현 정부 때인 2007년 발간한 책, 『베네수엘라, 혁명의 역사를 다시 쓰다』를 보면 잘 알 수 있다.

베네수엘라의 차베스는 1998년 대선에서 대통령에 당선되었다. 그는 2000년 들어 사회주의체제로 변혁하기 위해 49개의 법률을 통과시켰고, 영구집권을 위해 마을을 장악하는 방법을 개발했다.

차베스 대통령은 먼저 적군과 아군을 확실히 구분했는데, 적군에게는 적폐 청산이란 명분으로 탄압을 가하고 아군에게는 권력을 분배하고 복지정책을 나누었다.

'미국·자본주의·재벌'을 3대 악으로 규정한 차베스 정권

차베스는 또한 '미국·자본주의·재벌'을 3대 적으로 규정했다. 특히 "산유국 1위 베네수엘라의 돈은 다 어디로 갔는가? 그동안 부자들이 다 가져갔다"며 가난한 사람들의 분노를 자극했다. '재벌은 악, 노동자는 선'으로 규정하며 재벌해체를 주장했다.

차베스는 "나의 사령관 차베스, 나의 대통령 차베스"를 외치며 열렬히 추종하는 '볼리비안 서클'에게 권력을 나눠 주어 마을의 주민자치회를 주도하도록 했다. 볼리비안 서클은 우리나라의 '노사모', '문빠·대깨문', '개딸'과 유사한 일종의 정치인 팬덤 그룹이다.

차베스는 이 볼리비안 서클을 통해 주민을 완전히 장악함으로써 선거 때마다 승리, 영구집권이 가능하도록 했다. 또한, 가난한 사람들의 마음을 얻기 위해 복지 포퓰리즘 정책으로 무상교육·무상의료 등을 시행했다. 과도하게 교사를 채용했는데, 당시 베네수엘라에선 교사 수가 차베스 집권 10년간 6만 5,000명에서 35만 명으로 급증했다. 늘어난 (좌익) 교사들은 집중적인 사상교육을 했을 것이다.

석유 매장량 세계 1위 부국의 몰락

베네수엘라는 석유 매장량이 세계 1위로, 사우디아라비아보다도 매장량이 많은 부자 나라였다. 그런 나라가 1998년 차베스가 대통령에 당선되고 사회주의 체제로 바뀌면서 외국기업 이탈, 국내기업 쇠퇴, 복지·분배정책 남용과 초인플레이션 발생 등으로 점차 경제가 파멸 상태로 치달았다.

2018년 물가상승률은 연간 600배에 이르렀으며, 화폐개혁 등 완화 조치를 취한 뒤인 2021년에도 연간 6배에 이르렀다. 이런 살인적인 물가상승률 앞에선 기업 생산과 유통이 불가능하다. 화장지 한 통을 사기 위해 가방 한가득 돈을 가지고 가야 한다. 자국 화폐가 길거리에 굴러다녀도 가져가는 사람이 없다고 한다. 화폐 자체가 쓰레기인 까닭이다. 중산층조차도 쓰레기통을 뒤지고, 국민의 20%에 가까운 숫자가 먹고살기 위해 미국 등 해외로 빠져나갔다. 살인율도 세계 1위라고 한다.

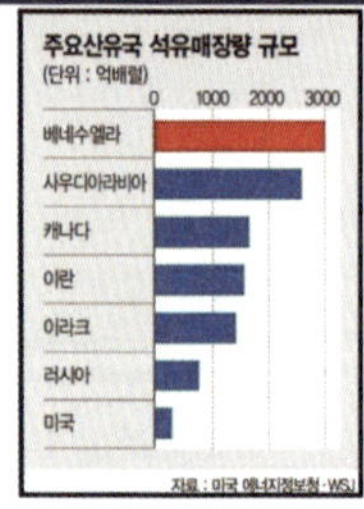

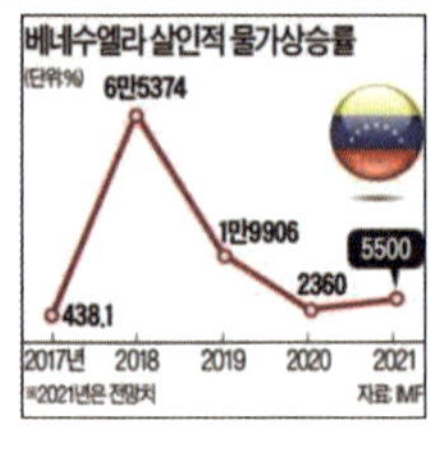

베네주엘라 경제 파탄에도 장기집권 왜?

차베스-마두로의 사회주의체제
- 복지 포퓰리즘 정책
- 좌익 마을장악 정책
(주민자치회 활용)

그 비결은 바로 주민자치회 – 좌익들이 마을 장악

나라를 말아먹은 차베스에게 계속 표를 준 베네수엘라 국민

이해할 수 없는 건 베네수엘라 국민이다. 차베스 정권이 나라를 파국으로 몰고 갔으면 대안 정치세력을 키우고 그들에게 표를 주어야 하는 것 아닌가. 그런데 왜 베네수엘라 국민은 무려 4선의 차베스 대통령과 그의 러닝메이트 마두로에게 계속 표를 던지는 걸까. 언론은 물론 학자들도 그 원인을 정권이 국민에게 선심성으로 돈을 푸는 포퓰리즘 정책을 썼기 때문이라고 주장한다. 맞는 말이다. 하지만 뭔가 부족하다.

베네수엘라가 알려주는 주민자치회의 무서운 해독성

베네수엘라 국민들이 차베스-마두로 정권에 표를 던진 것은 부정선거에 기인하는 측면도 있지만 친정부 좌익세력이 지방 마을을 장악하고 있기 때문이다. 베네수엘라의 주민자치회(주민평의회)를 주목해야 하는 이유다.

차베스는 직접민주주의, 지방자치 등을 내세우며 자신의 팬덤세력인 볼리비안서클이 지방지치회 등 마을공동체를 이끌도록 했다. 베네수엘라 통치는 집권여당인 통합사회주의당(PSUV)과 이들을 추종하는 정치적 팬덤세력인 볼리비안서클이 지방 마을을 통치하는 연합정치인 셈이다.

기업 등 경제가 몰락한 상황에서 주민들은 마을을 장악한 친여 좌익 마을세력에게 잘못 보이면 살아남을 수 없다. 마을의 통제권과 경제권을 장악한 그들에게 표를 던지지 않을 수 없는 것이다. 베네수엘라 좌익의 영구집권이 가능한 것은 바로 차베스-마두로 정권에 충성하는 좌익 세력에게 마을통치권을 분배해 주민을 장악하도록 한 데 있었다.

04 | 성미산마을… 교육·경제공동체의 숨은 그림

이명박, 이것 때문에 역사가 재평가한다…

잠시 2013년 3월15일자 프레시안 기사를 보자. '이명박, 바로 이것 때문에 역사가 재평가한다!'는 제목의 인터뷰 기사에서 김성오 한국협동조합창업경영지원센터

이사장은 다음과 같이 말했다.

"이명박 전 대통령은 진짜 공은 무엇일까? 100년이 지난 후 역사학자들이 이명박 정부의 공으로 두고두고 후하게 평가할 가능성이 가장 큰 일은 바로 '협동조합 기본법'의 시행이다." 이명박 정부는 대선을 앞둔 지난 12월 1일 협동조합기본법을 발효했다. 이로써 한국에서는 5인 이상이 결의를 하면 누구나 협동조합의 설립이 가능해졌다.

이 협동조합기본법의 효과는 강력했다. 이 법이 시행된 지 100일이 된 지난 10일, 기획재정부는 "전국에서 신청된 협동조합만 647건이며, 이 중 74퍼센트인 481건이 신고 수리 또는 인가되었다"고 밝혔다. 서울시(박원순 시장)는 발 빠르게 국내 최초로 네 곳의 '협동조합 상담센터'를 만들었고, "앞으로 10년 안에 협동조합을 8,000개로 확대하겠다"는 야심찬 계획까지 내놓았다.

지역별 소규모 협동조합…좌익 경제공동체의 씨앗

좌익세력이 주도하는 경제공동체를 이루는데 지역별 소규모 협동조합이 많이 활용되고 있다. 이에는 각종 생산 협동조합, 유통 협동조합, 복지형 협동조합 등이 있다. 다양한 소형 협동조합이 우후죽순처럼 탄생한 것은 이명박 정부가 정권 말기인 2012년 12월 협동조합기본법을 통과시켜 주었기 때문에 가능했다. 좌익세력은 그토록 간절히 바라던 협동조합기본법을 이명박 정부가 통과시켜 주자 환호했다.

좌익세력이 이 법의 시행을 얼마나 갈망했고, 이 법의 통과에 환호했는지 알 만하다. 특히 서울시(박원순 시장)는 쾌재를 부르며 1년 만에 1,000여 개의 협동조합을 만들었고, 10년 안에 8,000개로 확대하겠다고 발표할 정도였다.

서울시, 신생 협동조합 적극 지원

서울시(박원순 시장)는 협동조합상담센터를 설치하고 신

생 협동조합 설치를 적극 지원했는데, 아이쿱생협 등 대형 협동조합을 통해 경영 노하우를 전수하기도 하고 행정적·재정적 지원을 아끼지 않았다. 이러한 서울시의 협동조합 설치 운동은 전국 지방자치단체로 확산되었는데, 이는 마을공동체 사업을 확산시키는 기폭제가 되었다.

공동 수익·끈끈한 인적 네트워크로 경제공동체 확장

협동조합은 독자 창업이 어려운 사람들이 모여 경제공동체를 만들어 이익을 창출하는 방안이다. 긍정적 의미를 지닌 것이지만 좌익세력이 협동조합을 자신들의 세력을 넓히는 수단으로 적극 활용하는 바람에 그들의 전유물처럼 되고 말았다.

좌익세력은 다양한 협동조합 등을 통해 공동 수익을 창출할 뿐 아니라 끈끈한 인적 네트워크를 통해 공동구매·공동소비를 통해 이익을 극대화하고 취업 알선 및 취업 정보 공유를 비롯해 각종 정보·기술(노하우)를 공유하는 등의 방법으로 경제공동체를 확장해 갔다.

강력한 영향력 지닌 지역 경제공동체

그러니 좌익성향이 아닌 사람도 경제적 이익을 위해 경제공동체에 들어가 활동하면서 자연스럽게 좌익 사상에 빠져들어 갔다. 그러므로 협동조합·사회적기업 등 경제공동체는 좌익세력이 마을 주민들을 우군화해서 마을의 체제를 바꾸는 수단으로 활용되고 있는 것이다.

이러한 상황임을 고려할 때, 주민자치회가 결성될 경우, 지역별로 구축된 좌익성향의 경제공동체 네트워크가 강력한 영향력을 행사할 가능성이 높다. 또한 읍·면·동 단위의 주민자치회의 각종 상품 등을 구매(조달)할 경우, 서로 구매·판매해 주기 등 상생 네트워크로 엮어져 정실과 부패를 낳을 가능성이 크다.

성미산마을, 자기들끼리 모여사는 고립된 마을공동체

좌익 마을공동체의 한국형 모델은 서울시 마포구 성산

동·서교동·망원동 등에 위치한 성미산마을인데, 크고 작은 70여 개의 네트워크로 구성되어 있다.

성미산마을은 1994년 일부 젊은 운동권 출신 부모들이 공동육아를 위해 어린이집(제1호: '우리 어린이집')을 운영한 데서 출발한 것이다.

이 마을은 2000년대 들어 유창복 씨 주도로 사회주의 공동체마을로 확립·확장되었다. 지금은 공동육아, 공동교육, 공동구매, 공동소비, 공동생산 등 사회주의 사상을 가진 사람과 단체가 모여사는 자립공동체가 된 것이다.

성미산학교 등은 공동교육을 통해 마을 주민에 사회주의 정체성을 심는 역할을 해 왔다. 2013년 월간조선 8월호에는 "'좌익 양성소' 의혹 성미산마을에 가 보니 그곳은 서울시의 섬이 돼 가고 있다"는 제목의 르포 기사가 실렸다. 이 기사에 따르면, 이들은 이웃과 교류도 하지 않는다고 했다. 폐쇄된 속에서 그들만의 사회주의 정체성을 12년간 주입받았기 때문이다.

이 마을에 있는 성미산학교는 대안학교로서 초·중·고 과정 12년제로 운영되는데 이 학교를 나오면 일반 사회생활에 적응하기 어렵다고 한다. 성미산학교에서는 교사와 학생들이 서로 이름을 부르는 것이 아니라 가명(별명)으로만 부른다. 풍뎅이·도화지·애기동물·하품·삼돌이·소피아·별사탕 등 이상한 별칭으로 호칭한다. 이들은 다양한 협동조합을 만들고 지역 화폐를 사용하는 등 그들만의 경제생태계에서 생활한다.

도시 마을공동체의 원조, '성미산마을'

0 **성미산마을 조성은 유창복씨가 주도**
 - 2001년 도시개발에 반대 투쟁, **성미산학교**와 마을두레생활협동조합 등 주민자치조직을 만듦

0 **사회주의식 마을공동체 운영**
 - 공동생산, 공동구매, 공동소비,
 - 공동육아, 공동교육 등

0 풍뎅이, 도화지, 애기동물, 하품, 삼돌이, 소피아, 별사탕 등 **별칭 사용**
0 **지역화폐** 사용
0 **대안학교**에서 유사 교육

청주일보, "충북진천
행복교육지구, **마을공동체**
성지인 성미산마을 탐방"
(2017.6.29)

성미산마을, 전국 공동체마을의 성지로 부상

이 고립된 사회주의공동체 마을인 성미산마을 모델은 박원순 서울시장에 의해 서울시 전역으로 전파되고, 나아가 전국적으로 확산되어 갔다. 특히 문재인정권이 마을공동체 사업을 국가적 사업으로 시행하면서 성미산마을이 전국 마을공동체의 모델이자 원조로서 전국 각지에서 찾아오는 성지가 된 것이다.

이제 성미산마을은 업종도 점차 늘어나고 합정동·연남동·서교동 등으로 지역 범위도 더욱 넓어졌다. 동성애 단체 등 각종 좌익성향 단체들도 여기로 몰려들었다.

박원순 시장, 서울시마을공동체종합지원센터(서마종) 설립

마포구 성미산마을 모델이 서울 전역으로 확산된 결정적 계기는 박원순 전 서울시장의 등장이었다. 그는 2011년 10월 시행된 보궐선거(오세훈 시장 사퇴)를 통해 서울시장에 당선되었다. 박 시장은 마포구 성미산마을 모델을 서울시 전역으로 확산하기 위해 2012년 9월 서울시마을공동체종합지원센터(서마종)를 설립했고, 마포 성미산마을을 조성한 유창복 씨를 서마종 센터장으로 앉혀 서울시 예산으로 마을공동체 만들기에 주력했다. 박원순 시장은 2012년 100여 개의 공동체마을을 조성했고, 5년 내 975곳의 마을공동체를 조성하고 3,000여 명의 마을활동가를 양성하겠다고 공언했다.

박원순 시장은 공언한 대로 서울시 곳곳에 마포 성미산마을을 모방한 좌익 마을공동체를 만드는 등 마을공동체 사업을 추진하는 한편 마을활동가들을 양성했다. 이러한 서울시의 정책은 점차 경기도 등 다른 자치단체로 확산되어 갔다. 특히 좌익성향의 지방자치단체장이 있는 자치단체에선 좌익 마을공동체 사업과 마을활동가 양성이 더욱 적극적으로 이루어졌다.

문 정권 때 전국으로 확산된 마을공동체 사업

문재인 정권이 등장한 이후 정부의 적극적 지원으로 좌익성향 마을공동체가 없는 지역이 없을 정도로 전국적으로 확장됐다. 특히 정부 주도로 전국 읍·면·동별로 마을활동가 양성 교육을 실시해 좌익성향 마을활동가들이 폭증했다. 이처럼 역량을 강화하는 준비작업을 거친 후 비로소 주민자치회를 설치하고 마을 교육공동체·마을 경제공동체·마을 민회 구성 등을 추진했다.

좌익 마을공동체는 다양한 좌익형 마을공동체 사업을 추진하면서 지역 주민을 자신들의 생태계 안으로 끌어들였다. 이들이 추진하는 마을공동체 사업들은 마을환경 미화·마을 축제 등 주민이 좋아할 소재를 내세우지만 실상은 주민을 장악해 체제를 바꾸려는 속내를 숨기고 있었다.

3장 문재인 정권의 지방분권정책 실체

01 | 문재인 정권의 지방분권정책, 그의 사상관에서 나온 것

문재인 정권의 지방분권정책은 단순한 지방정책이 아니었고, 체제전환을 위한 것이었다. 그러므로 이것을 이해하려면 문재인의 뿌리 깊은 사상관을 통찰하는 것이 필요하다. 그는 과연 대한민국을 어떤 나라로 만들려 했나?

문재인, 평창올림픽에서 신영복 사상 추종 공개선언

문재인 정권은 체제 변혁을 위해 2018년 1월 헌법개정 초안을 공개하고 논의를 하는 한편 2018년 2월 평창 동계올림픽 직후인 3월 대통령실 직속 자치분권위원회를 만들어 좌익형 지방분권정책을 범정부적 차원에서 추진했다.

문재인은 과연 어떤 마음을 가지고 헌법개정안, 자치분권위원회를 전격적으로 만들었을까?

2018년 2월 개최된 평창올림픽에서 문재인이 보인 행보를 통해 유추할 수 있다. 문재인은 북한 김정은의 동생 김여정과 김영남(최고인민회의 상임위원장)을 평창 동계올림픽 개막식에 초대했다. 문재인 대통령은 김여정과 전 세계가 보는 개막식 연설에서 "사상가 신영복을 존경한다"며 자신의 사상관을 만천하에 공개했다. 신영복의 사상을 따른다는 의미였다.

신영복은 누구인가?

신영복은 1964년 김일성 지령에 의해 만들어진 통일혁명당의 주모자이다. 통일혁명당은 한국 역사상 최고의 지하 간첩단으로서 1968년 적발되었는데, 김종태 등 4명은 사형을 당했고 신영복은 무기징역을 받았다. 신영복은 20여 년 간 복역한 후 풀려났으며, 종북 좌익세력 확산에 가장 큰 영향력을 행사한 상징적 인물이다. 김일성은 구속된 신영복을 구출, 북한으로 송환하기 위해 베트남을 통해 남한과 협상을 시도하기도 했다. 그만큼 김일성이 애지중지했던 인물이 바로 신영복이다.

문재인은 개막식 후 김여정과 김영남을 청와대로 초청하여 신영복이 쓴 "통일(通一)"이라고 쓴 작품 앞에서 사진까지 찍었다. 신영복의 작품에 쓰인 '통일'이라는 용어는 일반적인 통일(統一) 글자가 아니고 매우 의미심장했다. '내통한다'는 의미의 '통할 통'(通) 자였던 것이다. 북한과 내통해 적화통일하겠다는 의미가 아닐까?

사진을 찍은 김영남은 감동에 겨워 눈물을 펑펑 쏟았다고 한다. 아마도 김일성이 통일을 위해 뿌렸던 씨앗이 이제 결실을 보는 것은 감격 때문이 아닐까?

문재인, 2012년 대선 출마를 앞두고 좌익사상관 드러내

문재인은 이미 2012년 대통령 선거에 출마할 때부터 본격적으로 자신의 사상관을 드러내기 시작했다.

그는 2012년 대선 출마를 앞두고 쓴 자서전 "운명"에서 자신의 사상성향을 분명히 드러냈다. 그는 1975년 자유남베트남이 북베트남의 남침에 의해 공산화된 소식을 듣고 "진실의 승리"라면서 "희열을 느꼈다"며 당시 느꼈던 벅찬 감정을 표현했다. 그리고 노무현 정부 때(민정수

석, 비서실장) 국가보안법을 폐지하지 못한 것에 대해 가
장 "뼈 아팠다"라고 표현하기도 했다.

또한, 문재인은 2011년 김대중 대통령 6주기 기념식에
서 "남북 국가연합 또는 낮은 단계의 연방제를 꼭 실현
해 그분(김대중 대통령)이 6·15 선언에서 밝힌 통일의 길로
나아가고 싶다."고 발언하기도 했다.

문재인은 2011년 통합민주당을 민주통합당(백만민란운동
세력이 만든 시민통합당과 합당)으로 정체성을 바꾸는 작업

사람이 먼저다" 는 주체사상의 철학적 원리 "사람이
주인이다" 의 변형으로 평가

을 주도했으며, 이어 이석기 경기동부연합이 당권을 가진 통합진보당과의 야권연대를 통해 2012년 공동정권을 수립하는 방향으로 나아갔다. 2012년 대선전에 들어와서는 북한의 주체사상을 의미하는 "사람이 먼저다"라는 문구를 대선 케치프레이즈로 사용하기도 했다.

문재인의 지방분권정책, 사상관을 봐야 이해 가능

문재인은 2017년 5월 대선에서 정권을 잡은 후 북한과의 연방제 통일을 염두에 두고 대북정책을 추진했다. 그런 차원에서 분권형 지방정책을 강력히 추진한 것이다. 문재인의 지방정책은 결코 자유민주주의 체제의 지방자치, 주민자치 개념으로는 제대로 이해할 수 없다. 그의 사상관을 염두에 두고 봐야 제대로 이해할 수 있다.

문재인 정권, 지방분권형 헌법개정안에 숨은 책략

문재인 정권은 평창올림픽 전인 2018년 1~3월 헌법개정 초안들을 공개했다. 여기에는 문재인 정권이 추진하려는 지방분권정책 내용과 의미가 고스란히 담겨져 있었다. 당시 문 대통령에 대한 국민 지지율이 80%를 넘었고, 야당인 자유한국당마저 분권형 헌법개정안의 숨은 의도를 모르고 헌법개정 협상에 나서고 있었다. 그러나 헌법안의 독성을 간파한 일부 기독교계와 우익 법조계의 문제 제기와 여론화로 겨우 헌법개정 시도를 막을 수 있었다.

지방분권제에 숨은 문재인 정권의 체제 변혁 의도

문재인 정권은 제시한 헌법개정안 속에 지방분권을 유독히 강조했다. 가장 의아스러웠던 것은 헌법 제1조 제3항에 있는 "대한민국은 지방분권 국가를 지향한다."는 내용이었다.

저자는 헌법 제1조란 대한민국의 핵심 가치를 담는 상징적 조항인데 어떻게 여기에 지방분권이라는 용어를 삽입했을까 의하하게 생각하면서도, "아마도 대한민국의 체제 바꾸는 수단으로 활용할 것 같다"는 것을 직감했다.

문재인 대통령, "연방제에 버금가는 지방분권 이룰 것"

문재인 대통령은 이미 정권 출범 직후부터 지방분권를 체제 변혁의 수단으로 활용할 것임을 암시하는 발언도 했었다. 대통령 취임 후 25일이 지난 6월14일, 전국 시·도지사 간담회에서 "연방제에 버금가는 지방분권을 이룰 것"이라고 강조했기 때문이다. 당시 참석했던 시·도지사들도 그 말이 갖는 의미가 무엇인지 거의 모르는 것 같았다.

그러나 지방 마을활동가 진영에서는 벌써 "광주공화국"이니 하는 용어들이 퍼지고 있었다. 지방자치단체가 아니라 지방정부라는 용어가 널리 퍼져 갔다.

지방자치단체의 독립 입법권 허용은 대한민국 허물기

문제인정권이 발의한 개헌안 제123조 제1항에는 "법률이 정하지 않는 조례 제정이 가능하다"는 내용까지 포함되어 있었다.

자유민주주의 체제의 법체계 아래서는 헌법〉법률〉명령〉

조례 등 법질서에 따라 하위법은 상위법의 근거나 범위 내에서 제정해야 하는데, 이를 무시하겠다는 것은 자유민주주의 체제의 법치주의 근간을 허물겠다는 의도를 드러낸 것이라 할 것이다.

다시 말하면, 지방자치단체가 독립적인 입법권을 행사한다는 것은 중앙정부와 다른 노선의 행정, 재정, 치안, 사법 시스템을 운영할 수 있다는 것을 의미한다. 이는 대한민국의 분열과 해체를 의미하는 것이다. 몸으로 비유하자면 손발 등 하부조직이 제멋대로 움직이도록 하는 것으로, 이는 몸을 불구로 만드는 것과 같다.

풀뿌리 조직으로 국가권력 영구 장악 기도

왜 이러한 이상한 지방분권정책을 추진하는 것일까?

1차적 목적은 전국적으로 퍼져 있는 좌익 마을활동가들이 지방자치단체를 장악하고 자기들이 원하는 체제의 지방정부로 만들려는 저의가 숨어 있지 않을까?

좌익 마을활동가들이 대한민국 하부 지방과 마을을 장

악하려는 목적은 무엇인가? 대한민국의 풀뿌리인 지방 마을을 장악함으로써 궁극적으로는 국가권력을 영구히 장악하기 위함인 것이다.

지방과 마을만 완벽히 장악하면 우익세력이 대통령선거에서 승리하여 중앙권력을 장악한다고 하더라도 아무런 권력을 행사하지 못할 것이다. 그러므로 마을과 지방을 장악하는 세력이 대한민국을 영구히 집권하는 것이다. 그래서 이재명은 "꼬리를 잡아 몸통을 흔든다"고 말한 것이 아닐까?

'국민'이 '사람'으로 바뀐 문정권의 헌법 초안

자유민주주의 국가들은 기본권 향유의 주체를 '국민'으로 규정한다. 그래서 대한민국 헌법에도 모든 기본권 항목마다 "모든 국민은 신체의 자유를 가진다", "모든 국민의 양심의 자유를 가진다" 등 기본권 향유 주체를 '모든 국민'이라고 규정하고 있다. 대한민국이라는 나라는 당연히 주권을 가진 국민을 위해 존재하는 것이다.

그런데, 문재인 정권은 헌법개정안에서 기본권 향유 주체를 '국민'에서 '사람'으로 바꾸어 놓았다.

기본권의 향유 주체, 외국인까지 포함하려는가?

문재인 정권은 헌법개정안에 기본권 향유 주체를 '국민'에서 '사람'으로 바꾸었는데, 자유권과 교육권·노동권 등 사회적 기본권을 국민이 아닌 외국인도 누릴 수 있다는 의미가 된다. 외국인에게도 기본권을 누리게 해주겠다는 것인가?

당시 헌법안을 보고서는 이해할 수가 없었는데, 이후 등장한 주민자치기본법 등 각종 법안들을 보면서 의도를 어느 정도 알 수 있었다. 주민자치기본법이나 주민자치회 조례에서, 중국 조선족 등 재외동포나 외국인을 읍·면·동 주민으로 포함시켜 놓은 점을 보면서 감을 잡을 수 있었다. 미국, 유럽 등에서도 외국인을 무차별 받아들여 나라를 망친 좌익정당들의 행태를 통해서도 유추할 수 있다.

결국, 조선족·중국인 등 공산·사회주의 사상을 가진 외국인을 대거 대한민국 하부로 진입시키려는 의도가 아닐까? 민주당은 외국인에게 읍·면·동 주민 자격뿐 아니라 국민의 자격, 즉 국적을 주어 정당 활동도 가능하게 하려는 의도마저 드러냈다. 민주당은 국내에서 4년제 대학을 졸업하면 임시국적을 주는 법안과 외국인이 정당 활동을 할 수 있도록 하는 정당법 개정안도 발의한 것이다.

헌법에 넣은 '사람'… 연방제 통일 의도는 없나?

문재인 정권이 헌법개정안에 기본권 향유 주체를 '사람'이란 용어를 사용한 것이 '사람이 주인이다'는 김일성의 주체사상을 내포한 것은 아닐까? 문재인 정권의 의도가 너무 의심스러웠다.

문재인 정권은 출범한 후 2019년 말까지 견제세력이 거의 없었다. 2019년말 광화문에서 대형 태극기집회가 열리는 등 저항운동이 본격적으로 일어났다. 문재인정권은 그때까지 전국 고속도로 곳곳에 '사람이 우선이다'라는 표어의 팻말이 나부꼈다. 인도라면 모를까 차량이 우선인 고속도로에 '사람이 우선이다'라는 표어가 참으로 생뚱맞았다.

도심지 도로나 건물에 붙은 현수막·홍보물이나 차량 부착물 등에도 '사람 중심' '사람이 먼저다' '사람이 우선이다' 라는 표어가 붙어 있었다. 정부·자치단체·공기업·사기업 등의 홍보물에도 '사람 중심 경제' '사람 중심 경영' '사람 중심 행정' '사람 중심 ○○시(○○구)' 등의 표현들이 난무했다.

북한 헌법에 들어 있는 '사람 중심'이라는 문구는 주체사상에서 나온 것이다. 그런데 바로 '사람 중심'이라는 용어와 그 변종 표현들이 문재인 정권 등장 전후해 대한민국 모든 분야에서 널리 쓰이게 된 것이다. 주체사상의 프레임을 사용하는 것은 대중을 사상적으로 오염시키기 위한 세뇌의 한 방법이다.

헌법에 이런 의도로 '사람'이란 용어를 넣었다면 이는 북한과 연방제 통일을 이루기 위한 어떤 작업이 아닐까

하는 의심을 지울 수 없다.

'양심의 자유'가 '사상과 양심의 자유'로

문재인정권은 개헌안에서 "모든 국민은 양심의 자유를 가진다"는 조항을 개정안에서 "모든 사람은 사상과 양심의 자유를 가진다"로 바꾸어 놓았다. '사상의 자유'를 추가한 것이다. 사상의 자유를 허용한다는 것은 공산주의·사회주의·주체사상 등 반체제 사상을 연구·조직·전파하는 자유를 허용하겠다는 것을 뜻한다.

이재명정권은 헌법개정에는 실패했지만 '사상의 자유'를 허용하겠다는 목적을 여러 법률안 속에 이미 삽입해 놓았다. 차별금지법안에는 '사상 및 정치적 이데올로기'에 따른 차별금지를 규정해 놓았고, 주민자치기본법안(김영배 의원 안)에도 '신념'에 따른 차별금지를 규정해 놓았다. 여기서 '신념'이라는 것은 '정치적 신념', 즉 사상과 정치적 이데올로기를 뜻한다. 그렇기 때문에 민주당 헌법개정안을 무산시켰다고 안심할 일이 아니라는 것이다.

02 | 문재인 정권의 지방 마을 장악 통한 체제전환 전략

문재인 정권은 출범한 후 체제 변혁의 수단으로 전국 읍·면·동 마을을 장악하려 전방위적 노력을 했다. 2018년 3월 청와대 직속 자치분권위원회를 조직한 후 본격적으로 '지방분권화' '주민자치'라는 명분으로 마을 권력 기반 조성에 나섰다.

문 정권은 이를 위해 다음과 같은 작업에 주력했다.

▷읍·면·동 마을 통치 권력을 장악하기 위해 주민자치회를 설치, 운영하고, ▷읍·면·동 마을공동체에서 사상 교육을 시키기 위해 마을 교육공동체 만들기에도 주력했다. ▷협동조합·사회적기업 등 좌익 경제생태계를 구축하기 위해 마을 경제공동체 입법화에도 노력했다. 젊은 세대 등 지역 주민들을 좌익 경제생태계 속으로 끌어들이기 위해 경제공동체 조성사업을 벌였다. 이러한 노력은 선거 때마다 승리해 영구집권 체제를 구축하기 위한 장기 포석이었다.

▷대한민국 하부의 주민들을 통제할 수 있는 장치들도

갖추어 갔는데, 주민자치회가 주민을 감시·통제할 수 있도록 정보수집 권한을 부여하거나, 자치경찰제를 두어 자치경찰을 장악해 주민들에 대한 밀착 감시·정보 수집·사법 통제를 할 수 있는 장치를 구축했다.

이렇듯 주민자치회, 마을교육공동체, 마을경제공동체, 마을치안조직(자치경찰제) 등 모든 분야를 아우르며 장악하는 주체는 바로 문재이정권과 연계된 좌익 마을활동가들이다.

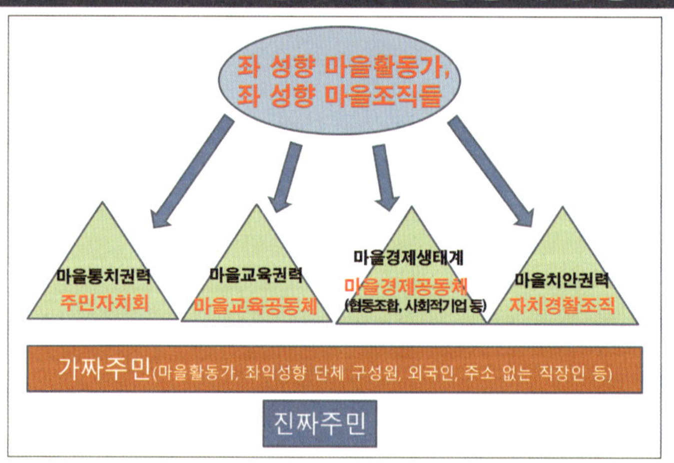

3,560여 개의 읍·면·동 별로 존재하는 듯한 좌익형 주민
자치회, 마을교육공동체, 마을경제공동체, 마을치안권
력(자치경찰제) 등을 낱개로 살펴보는 방법으로는 마을 활
동가세력의 전모를 알 수 없다.

읍·면·동별 연합 양상도 살펴보고, 나아가 시·군·구 별,
시·도 별 연합 양상도 살펴보아야 하며, 전국적인 결합 양
상도 살펴보아야 한다. 그래야 그들의 전모를 알 수 있다.

마을 공화국을 뒷받침하는 지지세력, 가짜 주민들 유입

좌익 마을세력이 꿈꾸는 '좌익형 마을정부' '좌익형 마
을공화국'을 만들기 위해서는 이것을 주도하는 좌익 마
을활동가들을 배후에서 지지하고 뒷받침하는 마을 우호
세력이 존재해야만 했다. 그래서 주민자치회에 가짜 주
민들을 대거 유입시키려 한 것이다.

좌익 마을활동가들이 가짜 주민들과 함께 마을 통치를
협업하고 독차지하기 위해 내세운 포장지는 정말로 번
지르르했다. 주민자치, 지방분권 등은 물론 참여 민주주

의, 숙의 민주주의, 마을 민주주의 직접민주주의, 풀뿌
리 민주주의 등 온갖 민주주의로 포장했다. 심지어 ‘주
민이 주인이 되는 세상’이라고 선전까지 했다. 마을공동
체, 마을공화국, 동(洞) 정부, 생활주민, 주민총회, 민회,
마을공동체지원센터, 중간지원조직, 마을기금 등 온갖
용어들까지 등장했다.

오래전에 기반 형성된 마을 교육공동체

문재인 정권은 3,500여 개의 읍·면·동별 주민자치회, 주
민총회 등 마을공동체를 만들기 위해 노력하는 한편 읍·
면·동별 교육 기관들을 통합 관리하기 위한 마을 교육공
동체 활성화 사업도 함께 추진했다.

마을 교육공동체 사업을 주도하고 있는 청와대 산하 자치
분권위원회와 교육부는 자치단체의 협조를 얻어 다양한
형태의 마을 교육공동체 사업을 촉진·독려하고 우수 자치
단체를 발굴해 포상하는 등 적극적인 활동을 해 왔다.

이렇게 문 정권이 마을 교육공동체 사업을 적극적으로 추

진할 수 있었던 것은 오래전부터 준비해 온 기반 조성 과정이 있었기 때문이다. 좌익세력은 10여 년 이전부터 지역별로 대안학교·혁신학교·마을학교·작은 도서관·돌봄센터 등 다양한 좌익형 마을 교육기관들을 운영해 왔으며 그 과정에서 다수의 마을 강사들을 양성해 놓았던 것이다.

03 | 드디어 주민자치기본법안 발의

1〉주민자치회가 지배하는 '마을 공화국'

주민자치기본법 무엇이 문제인가 ①

주민자치기본법안을 본 저자의 충격

2021년 2월 초, 설 명절을 앞두고 김승규 전 국정원장으로부터 주민자치기본법안을 검토해 보라는 부탁을 받았다. 주민자치기본법안은 2021년 1월29일 더불어민주당 김영배 의원이 대표 발의한 주민자치회 · 주민총회 설치에 관한 법률안이었다.

찬찬히 법조문을 읽어 가는 동안 숨이 턱턱 막히고 망치로 머리를 얻어맞는 듯한 통증을 느꼈다. 공산주의 이론과 전

략전술이 떠올랐고, 586 좌익운동권이 오랫동안 진지전

을 전개한 조각들이 합체되는 느낌을 받았기 때문이다.

저자는 이 법안을 보면서 '문 정권이 지방분권을 무기로

체제를 바꾸려 하는구나'라고 생각했고, 다음과 같은 잠

정적 결론을 내렸다. '이 법안이 통과된다면 좌익 마을

활동가들과 단체들이 읍·면·동을 장악한 후 대한민국 하

부인 읍·면·동으로부터 체제를 바꾸고 이를 기반으로 대

한민국 전체를 인민민주주의 체제를 거쳐 사회주의 체

제로 변혁시켜 갈 것이다.'

주민자치기본법 위험성, 국민들에게 알려야겠다

당시 저자는 대한민국을 이끄는 문재인 정권과 더불어

민주당이 국민 모르게 이런 노골적인 악법을 발의했다

는 사실에 충격을 받았다. 앞으로 무슨 일을 하려고 이

러는 걸까…. 냉정을 되찾은 후 곰곰이 생각해 보았다.

이 법이 통과된다면 마을에서 어떤 일이 벌어질까. 우리

국민 가운데 주민자치기본법안의 독소조항을 제대로 아

는 사람이 있을까. 법안 통과 후, 법안의 위험성이 드러
난다면 국민은 어떤 반응을 보일까.

우리 국민의 80% 정도는 자유민주주의 체제를 좋아하
고 우리나라가 북한·중국 같은 공산·사회주의 체제가 되
는 것을 싫어한다고 본다. 그런데도 아무도 모르는 사이
대한민국이 공산·사회주의라는 낭떠러지로 줄달음질 치
고 있는 것이다.

주민자치기본법 통과 저지를 위한 노력

저자는 2021년 3월 초 "주민자치기본법, 공산화의 길
목"이라는 책을 출판한 후, 전국을 다니며 강의를 했고
유튜브를 통해서도 이 법안의 독소조항을 사실대로 알
리려 노력했다. 2021년 5월부터 강의를 시작하자 2개
월 후에는 그간 인터넷을 도배하던 주민자치회, 주민총
회 등 주민자치 관련 홍보 유튜브 영상들이 급격히 줄어
들고, 3개월 후에는 거리마다 그렇게 많던 주민자치회 ·
주민총회 현수막도 급격히 사라져 갔다.

부산 금정구, 충남 아산시, 충북 영동군 등 여러 지역에서 연이어 주민자치회 조례 제정이 저지되었다. 특히 좌익 마을활동가들이 2021년 연말까지 법제화하겠다고 의욕을 보였던 주민자치기본법안도 일단 통과가 저지되었다. 더불어민주당에서 통과를 포기했기 때문이었다. 강의를 시작한 지 5개월 만에 일어난 기적이었다. 국민깨우기운동이 얼마나 큰 효과를 낼 수 있는지를 보여준 사례였다.

주민자치기본법안 발의

1. 제안일 : 2021.1.29(금)

2. 제안자(19명)

 - 더불어민주당(18명) : **김영배(대표 발의)**, 강
완주, 송재호, 신정훈, 양기대, 이수진, 이용선, 이해식, 이형석, 임호선
 - **무소속(1명)** : 양정숙

0 주민자치기본법 시행 되면, 한국의
자유민주주의체제는 사실상 종말
(벼랑 끝에서 추락)
0 "중앙만 바라보지 마세요. 마을을
바라보세요. 마을이 위험합니다."

주민자치기본법, 철저히 분석해야 하는 이유

이제 이 법안은 대체 무엇이며, 그 본질과 목적이 무엇인지 들여다볼 때다. 비록 법 통과가 저지되었다고는 하나 그들이 만들고자 하는 목적과 의도가 잘 남겨져 있기 때문이다. 그들은 그 내용을 어떤 형대로든 법제화하려 할 것이다.

좌익 마을공동체 활동가들은 주민자치기본법안을 "마을공동체 3법"의 하나로 강조하고 있을 정도이다. 마을공동체 3법이란 주민자치기본법, 마을공동체혁신기본법, 사회적경제기본법(사회연대경제기본법)이다. 기본법이란 일반 법률들의 토대가 되는 근본법이라는 의미가 강하다. 독일에서는 헌법을 독일기본법이라고 한다. 그만큼 주민자치 기본법은 마을공동체 활동가들이 꿈꾸는 토대이며, 반드시 통과시켜야 할 근본법인 것이다.

주민자치기본법, 자유민주주의 체제의 댐을 허무는 악법

더불어민주당 김영배 의원 등 총19명(더불어민주당 18명 ·

무소속1명)이 2021년 1월29일 주민자치기본법안 제정을 발의했는데 그 내용이 충격적이다. 자유민주주의 체제를 해치고 헌법 위반 소지가 있는 내용이 포함돼 있었다.

주민자치기본법안 발의자들은 '풀뿌리 민주주의'니 '마을 민주주의'니 하는 명분을 내세웠으나 실제로는 자유민주주의 체제를 위협하고 공산국가들이 정권 초기에 시행하는 인민민주주의적 특성을 보이고 있었다.

이 이상한 지방분권 체제가 시행된다면 어떻게 될까. 전국의 말단 지방 단위인 읍·면·동이 그 지역의 좌익 마을 활동가들과 좌익 단체들에 장악당하게 된다. 대한민국의 말단 조직이 이렇게 사회주의 세력에 장악당하게 되면 자유민주주의식 선거에 의한 지방자치제(도지사·시장·군수 선거)도 서서히 그 기능을 잃게 되고 중앙정부도 무력화되어 갈 것이다. 이 상태를 방치한다면 결국은 지방 하부 체제가 완전히 바뀌어 버려 그 이전 체제로 되돌리는 것은 불가능할 것이다.

2〉 주민자치기본법의 독소조항, 가짜주민의 유입

가짜주민들이 읍·면·동을 장악한다

주민자치기본법안 제7조는 '주민의 자격'에 대해 규정하고 있다. 이 법에 따르면, '주민'에는 주민등록법상의 주민(진짜 주민) 이외에도 다양한 가짜주민들에게 주민의 자격을 부여하고 있다.

첫째, 등록된 재외동포, 외국인도 주민에 포함시키고 있다. 둘째, 그 마을에 소재하는 기관, 사업체 직원들도 주민에 포함시키고 있다. 그 마을에 소재하는 기관, 사업체의 직원이라면 그 마을에 주소나 주민등록이 있든 없든 상관없이 주민의 자격을 가지도록 한 것이다. 셋째, 해당 지역에 소재하는 초·중·고등학교, 대학교 등 학교 소속 교직원과 학생들도 모두 주민의 자격을 가지도록 했다. 이렇게 함으로써 그 마을에 살지 않고 주민등록이 되어 있지 않은 가짜주민들이 대거 주민의 자격을 취득하여 주민자치회, 주민총회에 참석할 수 있도록 한 것이다.

① 조선족, 중국인 등도 주민자치회 활동 가능하다

문 정부가 조선족 등에 주민권 준 이유

문재인 정부는 왜 조선족 등 재외동포·외국인에게 대한민국 국민이 누리는 주민권을 부여했을까. 그것은 아마도 조선족·중국인 등 사회주의 세력을 대한민국 하부 마을에 지속적으로 유입시키기 위한 책략이 아니었을까.

대한민국을 사회주의 체제로 변환하기 위해서는 우선 사회주의에 반대하는 우익세력은 지속적으로 해외로 이탈시키고 사회주의 체제에 우호적인 세력을 지속적으로 유입시키는 인종 교체작업을 해야 하기 때문이 아닐까 하는 느낌도 든다.

그런 측면에서 외국인도 정당 활동을 할 수 있게 한 정당법 개정안이나 4년제 대학을 졸업하면 임시국적을 주자는 법률안 발의, 외국인 노동자 우대 조례 발의 등이 모두 그런 목적에서 행해진 것이 아닐까 의심까지 든다.

외국인이 주민자치회 참여하면 어떤 일 일어날까

중국 조선족(100여만 명) 등 재외동포와 외국인(중국 유학생 7만여 명, 이슬람권 장기체류자 20여만 명 등)이 일정 조건 하에서 주민권을 가지도록 했다. 이러한 외국인들이 읍·면·동 주민자치회에 참여한다면 어떤 일이 일어날까.

조선족과 중국인은 기본적으로 공산주의 사상을 가지고 있고, 중국 공안당국의 지시에 따라 집단행동을 하는 세력이다. 따라서 조선족·중국인이 있는 지역에서는 차이나타운 반대운동·공자학당 반대운동 등 '차이나 아웃 운동'이 불가능할 것이다.

특히 안산시·서울 영등포구 등 조선족 및 중국인 밀집 지역에서는 주민총회·주민자치회 등 마을공동체가 이들에 의해 주도될 가능성도 없지 않다. 또한 이슬람 난민·이슬람권 유학생 등 약 20만 명의 이슬람 장기체류자들이 주민으로 참여하게 되면 대구 대현동처럼 기독교인들의 이슬람사원 건립 반대 운동은 불가능할 것이고, 전국적으로 이슬람 사원 건립 운동·이슬람 전파 활동·이슬람인 거주 단지 설립이 확산될 것이다.

② 민노총이 우리 마을 지배한다… '민노총 공화국'

주민자치기본법 제7조 '주민의 자격' 항목은 해당 읍·면·동에 소재하는 '기관·사업체'에 근무하는 모든 사람에게 주민의 자격을 부여하고 있다.

여기서 '기관'이란 정부기관·공공기관은 물론 민간기관까지 포함한다. '사업체'란 공기업이나 민간기업을 다 포함하는데, 민간기업도 대기업·중소기업·협동조합·사회적 기업은 물론 1인기업까지 포함한다. 그뿐만 아니라 인허가를 받지 않은 기업·불법 기업도 포함한다. 기업의 지점·출장소·대리점도 독립된 사업체이다. 이렇게 본다면 누구나 마음만 먹으면 단체를 손쉽게 만들 수 있고 그 참여자들이 주민으로 활동할 수 있도록 할 수 있다.

읍·면·동에 소재하는 대기업·중소기업 등 사업체에 속한 모든 사람(경영자와 근로자)이 통째로 읍·면·동 주민이 된

다. 따라서 해당 사업체의 노조가 주민자치회에 큰 영향
력을 행사할 수 있다. 그렇게 될 경우, 민노총의 읍·면·동
조직이 필연적으로 만들어질 것이다.

민노총은 어떤 조직인가?

첫째, 민노총은 회원수 120여만 명에 이르는 한국 최대
의 조직이며 산하에 금속노조·언론노조·전교조·공무원
노조 등 16개 산별노조를 거느리고 있다.

민노총 소속 16개 산별 노조

△전국건설산업노조연맹 △전국공공운수노조 △전국공무원노
조(전공노) △전국교수노조 △전국금속노조연맹 △전국대학노
조 △민주일반연맹 △전국보건의료산업노조 △한국비정규교수
노조 △전국사무금융노조연맹 △전국서비스산업노조연맹 △전
국서비스산업노조연맹 △전국언론노조(KBS·MBC 등) △전국
여성노조연맹 △전국교직원노조(전교조) △전국화학섬유노조연
맹 △전국정보경제서비스노조연맹

이 거대한 민노총은 대한민국 정부에 버금가는 엄청난

조직 역량을 가지고 있다. 민노총 산별노조의 하나인 전국공무원노조(전공노)에는 입법부, 행정부, 사법부는 물론 전국 모든 자치단체 소속 공무원들이 포함되어 있다. 교육에 절대적 악영향을 미친 전교조도 민노총의 산별노조의 하나이며, KBS, MBC, SBS 등이 방송언론을 주도하는 언론노조도 민노총 소속이다. 심지어 비정규직 노조인 택배노조, 마트노조 등도 민노총 소속으로 되어 있다. 따라서, 전국 읍·면·동에 있는 슈퍼마켓도 민노총 마트노조의 영향력을 받고 있다고 한다.

민노총은 직업별인 산별노조만 있는 것이 아니고, 지역별 조직도 만들어져 있다. 지역별 조직으로는 지역본부 16개의 시·도별 조직과 지구 협의회 41개의 시·군·구 조직이 있다. 그런데 앞으로 주민자치회 전면 실시로 민노총 읍·면·동 조직까지 만들어진다면 어떤 일이 벌어질까. 민노총은 대한민국 하부까지 완전히 장악할 수 있을 것이다. 그야말로 대한민국은 명실공히 '민노총 공화국'이라는 비아냥을 들을 것이다.

둘째, 민노총은 정치세력화를 지향하는 정치투쟁 조직이다. 민노총은 강령에도 "정치세력화를 지향한다"고 명시적으로 내세울 만큼 노동단체를 기반으로 한 정치투쟁조직이다. 민노총은 막강한 조직력을 가지고 우익정권을 흔들어 무너뜨린 역사가 있다. 2008년 광우병 사태, 2016년 박근혜 대통령 탄핵사태, 2024년 12월 윤석열 대통령 비상계엄과 탄핵사태 때도 전면에 서서 주도적 역할을 했다.

민노총은 각종 문건·행사 등을 통해 마르크스-레닌주의, 베네수엘라·베트남 사회주의, 북한의 주체사상 등 공산주의, 사회주의 사상을 연구하고 확산해온 좌익단체이다. 민노총은 해방공간 박헌영 좌익세력이 만든 전평(전국노동자평의회)을 계승하고 있다는 입장을 밝히고 있다. 민노총은 최근 '체제전환'이라는 용어를 내세우며 정부에 주택의 50% 국유화 입법화를 요구하는 등 자유민주주의·자유시장경제 체제 허물기를 노골적으로 내세우고 있다.

셋째, 민노총은 오래전부터 북한이 주장하는 국가보안법 철폐, 주한미군 철수, 연방제 통일방안 등 적화통일 노선에 동조해 왔다. 더욱이 민노총 위원장 양경수는 진성종북세력인 이석기 경기동부연합 출신이다. 그는 한국외대 용인캠퍼스 학생회장 출신으로 이석기의 후배이며, '이석기 석방 경기 공동행동' 대표를 역임했다. 이러한 양경수가 2020년 12월 민노총 위원장에 단독으로 당선된 데 이어 2023년 재선까지 된 상태다.

이러한 종북 성향이 뚜렷한 자가 위원장에 있다는 것을 고려할 때, 민노총이 3,560여 개 읍·면·동 주민자치회에 영향력을 갖는다면 어떨까? 대한민국 체제를 바꾸는 주력이 되지 않을까 싶다.

③ 모든 학교가 전교조의 '정치학교'로 변할 것

주민자치기본법안 제7조(주민의 자격)에 따르면 해당 읍·면·동에 있는 초등학교를 제외한 모든 학교의 교사·교수 등 교직원과 학생 모두 읍·면·동 주민자치회 활동을 할 수 있다.

현재 중·고등학교 수는 5,600여 개, 학생 수는 260여 만 명이고, 대학생·전문대생까지 포함하면 재학생 수만 500여만 명에 이르는데, 이들이 주민자치회·주민총회 주도 세력으로 부상할 가능성이 높다.

중학교 이상 모든 학교의 교사와 학생이 통째로 같은 읍·면·동의 주민이 된다면 어떤 일이 벌어질까. 아마도 전교조 교사들은 학생들에게 "우리는 같은 주민이고 주민의 참여가 중요하다"면서 그 지역의 문제를 소재로 토론도 하고 주민총회에도 참석시킬 가능성이 높다. 선거 때는 아마도 학교 교실은 정치학교·선거 학교가 될 가능성이 크다. 그런데, 최근 더불어민주당에서는 학교 교사들에게 정당가입을 허용하자는 주장마저 일고 있다. 교사의 정치교육 족쇄를 풀어주기 위한 프로세스에 따른 것은 아닐까.

3) 주민자치기본법의 독소조항, 무소불위 주민 감시체제

주민자치회, 모든 정부기관으로부터 주민정보 수집한다

주민자치기본법 제10조 제6항은 주민자치회가 마을 주민들에 대한 개인정보를 수집할 수 있는 무소불위 권한을 부여하고 있다.

주민자치회, 주민 신상정보수집 권한

제10조 제6항 : 정보수집 권한

"주민자치회는 관계 중앙기관의 장(그 소속 기관 및 책임운영기관을 포함한다), 자치단체장([지방교육자치에 관한 법률] 제18조에 따른 **교육감을 포함**한다)에게 제7조('주민의 자격')에 해당하는 자의 성명, [주민등록법] 제7조의2 제1항에 따른 주민등록번호, 주소 및 전화번호(휴대전화번호 포함) 등 인적사항 정보의 제공을 요청하여 활용할 수 있으며, 요청을 받은 자는 이에 따라야 한다."

* 자치경찰이 수집한 각종 정보(수사정보, 정보경찰 수집정보, 골목 cctv 등)나 통·반장 수집정보 등도 활용 가능

이 법안에 따르면 주민자치회는 주민등록번호·주소는 물론 심지어 휴대폰 번호 등 소속 주민들에 관한 상세한 개인정보에 대해, 중앙 관계기관과 자치단체장에게 요

청할 수 있고, '요청받은 자는 이에 따라야 한다'는 강제 규정까지 두고 있다.

변호사단체의 대표를 역임했던 한 중진 변호사는 이 조항에 대해 "이는 현행법상 대통령이나 국회의원들도 못 갖는 무소불위의 권한을 주민자치회에 부여한 것이다"라고 비판했다. 주민자치회가 주민들에 대한 민감한 개개인의 신상정보를 수집하도록 한 것은 소속 주민들을 철저히 통제하겠다는 의지를 나타낸 것이며, 주민의 인권이 심각하게 위협받을 수 있음을 의미하는 것이다.

주민자치회 산하 분과·분회, 주민 감시기구 역할도 가능

주민자치기본법안 제10조 제2항에는 "주민자치회는 필요에 따라 주민자치 활동 주제에 따른 분과와 읍·면·동 지역 내 생활권에 따른 분회를 설치할 수 있다"고 규정하고 있다.

여기서 분과란 특정 주제별·기능별로 조직되는 주민자치회 하위기구이다. 읍·면·동별로 필요에 따라 다양한 분과를 둘 수 있다. 예를 들어 환경분과·복지분과·인권분과·아동분과·교통분과·노동분과 등이 대표적이다.

주민자치기본법 제10조 제2항에 따르면 주민자치회는 읍·면·동 지역 내 생활권에 따른 분회를 둘 수 있다. 분회는 통·리, 공동주택단지 등 소규모 생활권별 조직인데, 겉으로는 서로의 친목을 도모할 수 있을 것 같지만 좌익형 주민자치회가 감시 통제 기능으로 변하는 순간 서로 얼굴을 아는 이웃 사이가 오히려 더 무서운 주민간 밀착 감시 수단으로 변할 수 있는 것이다.

이렇듯 주민자치회 분과, 분회는 주민자치회의 성격에 따라 주민을 위한 활동도 할 수 있지만 주민을 통제 감시하는 역할을 할 수도 있음을 염두에 두어야 할 것이다.

주민들, 여러 주민자치회로부터 감시통제 받는다

주민자치기본법안 제7조에 따르면 한 사람이 여러 주민자치회에 소속되게 되어 있다. 자신이 사는 주소지 주민자치회에도 소속되고 직장이 있는 주소지의 주민자치회에도 소속되는 것이다. 이런 식으로 한 사람이 3개 이상의 주민자치회에 속할 수 있다.

이는 주민 한 사람이 여러 주민자치회로부터 중첩적으로 감시·통제받을 수 있다는 것을 의미한다. 코로나19 방역을 위해서라며 주거지 주민자치회와 직장이 있는 주민자치회로부터 동시에 전화나 직접 방문 등을 통해 백신 접종 여부 등을 확인하고 주소지 이전·생활 이동 경로 등을 중복 확인하는 광경을 생각해 보라. 개인의 자유가 심대하게 침해될 수 있다.

한 사람이 여러 주민자치회에 소속됨으로써 발생할 부작용을 생각해 보자. 주민자치회들은 소속 주민을 통제하기 위해 신상정보를 파악할 것이다(주민자치기본법 제10조 제6항). 한 주민이 다른 주민자치회에도 속하기 때문에, 관련 주민자치회들은 해당 주민의 정보를 서로 공유하게 될 것이다.

반대로 좌익 마을활동가들의 경우엔 여러 주민자치회에서 중첩적으로 활동할 수 있다. 결국 주민자치회 간 개인정보의 공유, 좌익 활동가 중첩 활동 등을 통해 3,560여 개 읍·면·동 주민자치회들은 그물망처럼 촘촘하게 네트워크 구조로 연결되고 전체주의 시스템으로 운영될 것이다.

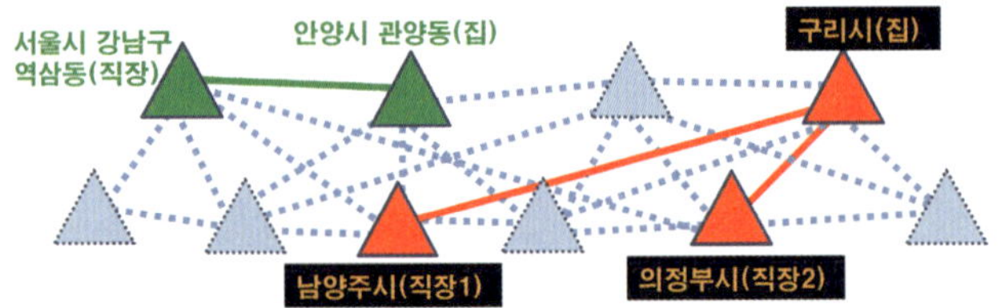

04 | 마을 장악… 베네수엘라판 영구집권전략

주민자치회를 장악하는 좌익 마을활동가

주민자치기본법안이나 주민자치회 조례 등에 따르면 주민자치회에 대해 '주민자치' '마을 민주주의' '주민이 주인이 되는 세상' 등으로 포장을 해 놓았지만 실제로 그 마을에 사는 진짜 주민들은 통제받는 존재로 전락할 수 있다. 주민자치회·주민총회를 장악하는 것은 좌익 마을 활동가들과 가짜 주민들이기 때문이다.

이전의 주민자치위원회는 동네 유지들도 얼마든지 운영할 수 있는 단순한 업무 구조의 조직이었다면, 좌익형 주민자치회는 복잡하고 강력한 권한과 재정권을 보유한다. 따라서 아마추어인 진짜 주민들로서는 주민자치회 업무를 감당하기 어렵고, 결과적으로 좌익의 전문 활동가들이 조직을 장악할 수밖에 없는 것이다.

주민자치회, 읍·면·동에서 가장 강력한 권력중심 가능성

좌익 마을활동가들은 상당한 논리와 조직 운영 능력, 보고서 작성 능력, 주민 설득 능력, 투쟁력, 정보력 등을 가진 '프로'들이 많다. 주민들은 물론 읍·면·동장, 심지어 지방의원들조차 그들에게 휘둘릴 수 있다. 많은 주민 여론을 주도하고 있기 때문이다.

주민자치회는 자치회장 주도 아래 사무국이 실무를 담

당하며, 각 분과·분회를 둘 수 있고, 세세한 읍·면·동 정보와 주민들과의 인맥을 가지고 강력한 영향력을 행사할 수 있다.

문재인 정권 당시 주민자치회장이 읍·면·동의 제1인자 평가를 받았고 동장은 2인자 취급을 받았다. 주민자치회는 동사무소(행정복지센터)와 같은 건물에 있으므로, 주민자치회와 동 사무소 공무원들 간 친밀한 유대관계를 가질 수밖에 없다. 자연스럽게 주민자치회장의 지역 유지로서의 영향력을 행사할 수 있는 것이다.

주민자치회가 권력행사, 주민총회는 허수아비

주민자치회는 주민자치회장과 산하 사무국이 주도하며, 주민총회는 좌익 마을활동가들이 주도하는 주민자치회 운영사항을 알 수 없도록 차단장치(보안장치)를 두고 있다. 따라서 주민들의 최고 회의체인 주민총회는 주민들의 의사에 따른다는 모양새를 갖추기 위한 포장술에 불과하다. 읍·면·동의 주요 사업의 결정권은 모두 주민자치회가 결정하는 것이다. 주민총회는 주민자치회를 합리화시켜주는 거수기, 들러리에 불과한 것이다.

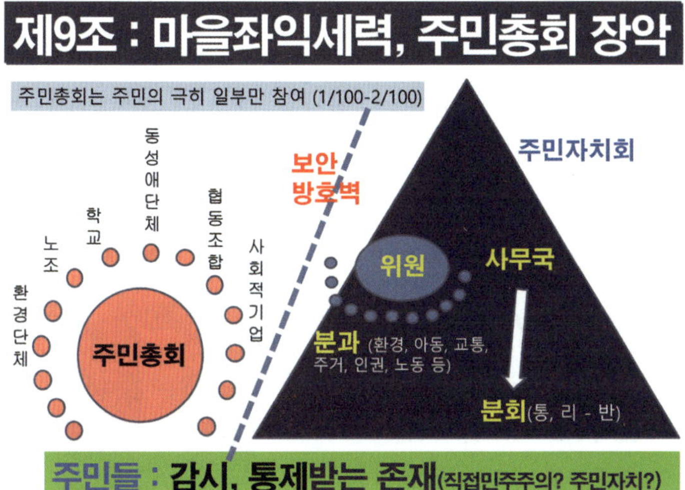

강력한 권한의 주민자치회 설치 목적은 좌익의 영구집권

주민자치기본법안에 따르면 주민자치회는 정부나 자치단체로부터 운영 경비의 전부 또는 일부를 지원받고 기부금을 받을 수도 있으며 수익사업을 할 수 있다. 더구나 국가와 자치단체로부터 부동산 등 재산을 매수하거나 무상 임대해 수익사업에 활용할 수도 있다. 또한 주민자치회는 이 수익의 일부를 주민들에게 분배해 주민들의 환심을 사서 모든 선거에서 압승하는 시스템을 구축할 수 있다.

좌익 마을활동가들이 3,560여 개 읍·면·동을 완전히 장악할 경우, 이들과 연계된 정치세력은 선거 때마다 승리해 영구집권을 할 수 있다.

또한 일정 규모의 국민, 예를 들어 50만 명 정도가 발의

하면 국회의원을 해임할 수 있도록 하는 '국민소환제'나 일정 규모의 주민이 발의하면 단체장과 지방의원을 해임할 수 있도록 한다는 '주민소환제'의 규정을 둘 경우, 어떤 국회의원·단체장·지방의원도 그들에게 종속되지 않을 수 없다.

2018년 1~3월에 나온 민주당의 헌법개정 초안에 국회의원에 대한 국민소환제의 내용이 삽입돼 있다. 좌익 마을활동가들의 문건들을 보면 주민소환제를 많이 언급하고 있다. 앞으로 직접민주주의 명분 아래 주민소환제를 주민자치회 조례에 삽입할 가능성도 농후하다. 그러면 우익 지방자치단체장이나 지방의원들은 주민자치회의 요구에 순응할 수밖에 없을 것이다. 결국 주민자치회를 장악하는 세력이 대한민국을 영구히 집권하게 된다는 결론에 이르게 된다. 어떤 정치세력이 이런 마을장악 권력을 교체할 수 있겠는가?

05 | 주민자치회… '부패 생태계'의 숙주

1〉주민자치회, 필연적 경제적 부패 유발

주민자치기본법, 기업들에 큰 피해 유발

우리나라에는 대기업·중소기업 등 많은 기업들이 있다. 본사와 공장이 있고 이를 뒷받침하는 하청 공장·서비스 업체도 있다. 이러한 모든 업체들은 각기 3,560여 읍·면·동 중 어딘가에 소속되어 있다.

좌익 마을활동가들과 좌익 단체들이 주도하는 주민자치회가 정착되면 읍·면·동에 소재하는 기업들은 지금까지 겪어 보지 못한 매우 어려운 상황에 직면할 것이다.

지금까지 없었던 민노총 읍·면·동 조직이 만들어져 기업들을 옥죌 수 있다. 민노총과 더불어 좌익 환경단체·인권단체 등이 주민자치회 소속 노동분과·환경분과·인권분과·복지분과 등 각 분과 조직의 활동을 통해 해당 지역에 소재하는 기업들을 감시하거나 위법 사례를 트집 잡아 고소·고발 등의 압박을 가할 가능성이 있다.

전국 마을에 좌익 부패 생태계

주민자치기본법안 제13조 제3항에 따르면, 주민자치회는 기부금을 받을 수 있는데 해당 읍·면·동 소재 기업들이 '봉'이 될 우려가 있다. 마을에서 좌익 부패 생태계가 만들어질 것이다.

또한 주민자치회는 수익사업도 할 수 있다.(제13조 제3항) 주민자치회가 수익사업을 할 경우, 경쟁 업종 기업들이 피해를 볼 것이다. 주민자치회는 자체 사업이나 마을기업들에서 만드는 상품을 구매해 줄 것을 지역내 기업들에게 강요할 수도 있다. 기업들은 무소불위의 권한을 가진 주민자치회가 요구하는 것을 들어주지 않을 수 없을 것이다.

주민자치회, 국·공유 재산으로 부동산 사업

특히 주민자치기본법안 제21조 '국·공유 재산 활용 특례'에는 "국가와 지방자치단체는 필요하다고 인정되면 국·공유 재산을 주민자치회에 우선 매각, 무상으로 대여·사용하게 할 수 있다"고 규정돼 있다. 이는 주민자치회의 부동산 소유·활용을 합법화하는 것이다.

이렇게 되면 주민자치회가 국가·자치단체로부터 매입하거나 무상 임대받은 부동산으로 수익사업을 할 수도 있다. 공공농장·공공주택 사업 등 다양한 부동산 개발·임대 사업을 할 수 있을 것이다. 이로 인해 경쟁하는 중소기업들은 큰 피해를 볼 수 있다. 만약 주민자치회가 부동산을 이용해 아파트 등 부동산 개발사업을 하거나 금융사업을 할 경우, 어떤 일이 벌어질까? 제2의 대장동사태가 읍·면·동 차원에서 일어날 수 있지 않을까?

가장 큰 피해는 자영업자에게

주민자치기본법안에 따르면 주민자치회는 자체 수익사업을 할 수 있는데, 업종 제한이 없다. 그러므로 도시재생 리모델링 사업·부동산중개업·지역 특색 식당 등을 경영하거나 보유 부동산을 가지고 공공주차장·힐링센터·

수련원 등을 직접 운영하거나 공공장터·공공마켓·농수산물시장 등을 개설하여 마을기업들에게 저가 임대할 수도 있을 것이다.

주민자치회가 관여하는 사업들은 주민 밀착형 사업이라서 기존 자영업자들에게 큰 타격을 줄 수 있다. 주민자치회가 소유한 부동산 등 재산을 마을기업들에게 무료 또는 저가로 임대할 경우 정상적인 임대료를 내는 일반 자영업자들에게 큰 타격이 될 것이다.

주민자치회 수익사업, 자영업자 등 피해

0 **제13조(주민자치회 재정) 제3항 :** "주민자치회는 … 설립목적 범위 내에서 **수익사업**을 할 수 있다."

0 **제21조(국.공유 재산 활용 특례) :** "국가와 지방자치단체는 **국·공유 재산**이 필요하다고 인정되면 주민자치회에 **우선 매각, 무상으로 대여, 사용케 할 수 있다.**" 규정
* 국.공유재산 우선 매수권, 무상 임대 등 특혜

0 **주민자치회 수익사업 업종, 제한 없음 : 중소기업 업종, 주민밀착형 업종**
- 공공농장, **리모델링사업, 건강요양**사업 + **공공주차장, 힐링센터,** 수련원, 공공장터, **공동마켓, 공공부동산중개,** 농수산물시장 개설 등

0 **주민자치회 경영 업체, 마을기업들로 인해 정상적인 자영업자 피해**

2> 문화마르크시즘 횡행… 교회와 마을에 미치는 악영향

네오마르크시즘 노선의 분과 조직

주민자치기본법안 제10조 제2항에는 주민자치회 내에 분과 조직을 두도록 했다. 또한 주민자치회 조례에도 주민자치회 내에 여러 분과를 둘 수 있게 되어 있다. 이를테면 노동분과, 환경분과, 아동분과, 인권분과, 복지분과, 마을교육분과 등이다.

노동·환경·인권·복지 등의 분과 명칭을 볼 때, 문화 마르크시즘을 표방하는 변종 공산주의, 즉 네오마르크시즘 노선에 따른 것임을 알 수 있다. 이러한 분과 조직은 성격상 우익 주민이 들어가 활동하기 쉽지 않고 자연히 마을 좌익세력이 주도하게 될 것이다.

주민자치기본법, 교회활동을 크게 위축시킬 것

주민자치기본법안이 통과된다면 주민자치회와 교회들 간 충돌은 불가피하다. 왜냐하면 주민자치기본법 제8조 제1항에 '성별·신념·종교·인종 등에 따라 차별받지 않는다'고 규정하고 있기 때문이다. 이는 기독교에서 가장 예민하게 투쟁해온 주제인 것이다. 주민자치회는 차별금지 규정을 무기로 교회에 간섭과 통제를 가할 것이다. 교회는 주민자치회에 저항하든지 항복하든지 결단을 내려야 할 것이다.

교회들이 정교분리를 이유로 충돌을 회피한다면 결국 교회는 일제시기의 신사참배처럼 굴복할 것이고, 교회는 정체성을 잃고 속절없이 무너져 갈 것이다.

주민자치기본법, 종교의 차별금지로 교회활동 탄압 가능

주민자치기본법에는 종교에 대한 차별금지 항목이 있다. 따라서 이 법안이 통과된다면 '종교'에 따른 차별금지 조항으로 인해, 대구 대현동 이슬람사원 건축 반대 활동이나 이단 비판 활동도 불가능할 것이다. 주민자치회는 교회에 대한 혐오 의식을 전파하며 전도활동 금지, 소음을 핑계로 통성기도 금지, 코로나19 등 감염병 방역 등을 핑계로 한 예배 금지 및 감시활동, 각 가지 사유로의 목회자와 교회 고발조치, 기독교 학교법인 감시 등 여러 가지 탄압을 가할 수 있다.

주민자치기본법은 차별금지법과 같은 교회 파괴법

주민자치기본법안은 미니 차별금지법('평등법')이라고 할 만큼 그 안에 성적 차별금지에 관한 내용을 포함하고 있다. 주민자치기본법안 제8조 제1항은 '성별·신념·종교·인종 등에 따라 차별받지 않는다'고 규정하고 있다.

주민자치기본법은 '미니차별금지법'

제8조 제1항

"모든 주민은 성별, 신념, 종교, 인종, 세대, 지역, 학력, 사회적 신분, 경제적 지위나 신체적 조건 등에 의해 차별을 받지 아니하고 주민자치회에 자발적으로 참여할 수 있으며, 기회균등을 보장한다"

차별금지법안 (23항목)

성별, 성적 지향, 성별 정체성, 나이, 종교, 사상·정치적 의견, 언어, 출신 국가, 출신 민족, 인종, 국적, 피부색, 출신 지역, 혼인 여부, 임신·출산, 가족·가구 형태와 상황, 학력, 고용 형태, 사회적 신분, 형의 효력이 실효된 전과, 신체 조건(용모 등), 장애, 병력·건강 상태

지금까지 교회들은 차별금지법안 반대에는 적극적이었지만 주민지차회 설치 반대활동에는 동참하지 않았다. 차별금지법은 동성애 등 교회를 파괴하는 법이라고 보았기 때문인데, 주민자치기본법 반대활동은 정치적 행위라고 본 때문이다.

그러나 이는 큰 착각이다. 주민자치기본법 자체가 차별금지법 내용이 고스란히 포함되어 있기 때문이다. 주민자치기본법이 통과되면 차별금지법이 통과되는 것과 같은 결과를 낳기 때문이다.

좌익 마을활동가들의 자료에 따르면 성별이란 남녀 성별을 의미하는 것이 아니고 동성애 등 수십 가지의 다양한 성적 지향을 내포하는 '젠더 개념'으로 이해하고 있다. 그러므로 이 법안이 통과되면 그동안 교회들이 해온 동성애 반대 활동 등이 불가능해지고 목회자가 동성애 결혼 주례 요청을 거절하면 처벌받을 수 있다. 교회의 주일학교에서 양성 개념을 가르치면 고발당할 수도 있다.

주민자치기본법안, 차별금지법안보다 더 고통스러운 법

주민자치기본법안이 더 큰 문제인 것은 주민자치기본법이 차별금지법보다 교회를 더 고통스럽게 할 수 있다는 점이다. 목회자·교사·성도들이 차별금지법을 위반할 때는 국가권력으로부터 감시·처벌을 받지만 주민자치기본법을 위반할 때는 같은 마을에 있는 주민자치회(분과·분회)와 이웃인 좌익 주민들로부터 감시, 고발당해 처벌받을 수 있기 때문이다.

그러므로 차별금지법 반대 활동에 대해서는 적극적이면서도 주민자치기본법 반대활동에 대해 소극적인 태도를 보이는 것은 잘못된 것이다.

주민자치기본법안, 국가보안법 무용지물로 만든다

주민자치기본법안에는 '신념'에 따른 차별금지 조항이 있다. 여기서 신념이란 정치적 신념 즉, '사상'을 의미한다. 교회들이 적극 반대하는 차별금지법안에는 '사상과 정치적 이데올로기'에 대한 차별금지라는 용어로 규정하고 있다. 이를 통해 알 수 있는 것은 주민자치기본법에 규정한 '신념'에 대한 차별금지란 곧 '사상, 정치적 이데올로기'에 대한 차별금지라는 것이다.

따라서, 이 법안이 현실화되면 문재인 정권이 통과시키려 했던 헌법개정안에 포함된 '사상의 자유'가 사실상 보장되는 상황에 이르게 된다. 이로써 국가보안법이 무용지물이 되는 결과를 낳는 것이다.

차별금지법안도 대한민국 체제를 파괴하는 법안

교회가 동성애 반대, 차별금지법 반대를 많이 외치다 보니, 마치 차별금지법은 교회만 파괴하는 법으로 착각하는 경우가 많다.

차별금지법안은 사실 자유민주주의 체제를 파괴하는 아주 위험한 법안이다. 차별금지법안에서 제시하고 있는 차별금지 항목은 23가지인데, '성별, 성적 지향, 성별 정체성, 나이, 종교, 사상·정치적 의견, 언어, 출신 국가, 출신 민족, 인종, 국적, 피부색, 출신 지역, 혼인 여부, 임신·출산, 가족·가구 형태와 상황, 학력, 고용형태, 사회적 신분, 형의 효력이 실효된 전과, 신체 조건(용모 등), 장애, 병력, 건강상태'이다.

여기서 교회 관련 사항은 성별, 성적 지향, 성별 정체성 3가지뿐이다.

그 외에 사상·정치적 의견에 대한 차별금지 항목은 공산주의, 사회주의, 주체사상 등 반체제사상을 광범하게 허용하는 악법이다.

또한, 차별금지법안에는 언어·출신 국가·출신 민족·인종·국적·피부색 등 외국인을 차별하지 못하게 하는 항목이 5개나 있으며, 심지어 시장경제체제를 무력화시키는 항목도 여러 개 있는데, 학력·고용형태 등에 대한 차별금지가 그것이다.

더욱이 차별금지법안에는 동일노동 동일임금에 대한 차별금지를 강조하고 있는데, 이것은 자유민주주의 시장경제 질서를 근본적으로 파괴하는 내용이다. 노동시장의 자유로운 시장기능을 작동불능하게 만들고 사회주의적 시스템을 강요하는 독소조항이다. 동일노동 동일임금이란 유사한 일을 하면 동일한 임금을 받도록 하는 것으로 신입직원과 20년 차 직원이 같은 월급을 받는 것을 생각해 보라. 박사 출신과 학사 출신이 같은 월급을 받는다고 생각해보라. 노동시장 기능이 마비될 것이다.

그러므로 차별금지법안에 대해 교회는 물론 일반 국민들도 적극 나서 법안 통과를 막아야 하는 이유이다. 자유민주주의 체제, 시장경제체제의 작동을 마비시킴으로써 대한민국 시스템 자체를 파괴하는 악법이기 때문이다.

교회들도 차별금지법안이 체제파괴 독소조항은 도외시하고 오로지 성적문제 3항목에만 강조함으로써 마치 차별금지법안이 마치 교회만 파괴하는 악법으로만 오해하지 않도록 해야 할 것이다.

7만 교회, 30만 목회자, 800만 교인들이 오로지 성적 차별문제에만 매몰되어 자유민주주의 체제 자체가 무너지는 것을 막지 못하는 우를 범하지 않도록 해야 할 것이다. 성차별만 막는다고 교회가 지켜지는 것이 아니다. 자유민주주의 체제의 붕괴를 막아야 교회가 지켜진다. 이제, 교회는 교회만 지키는 데만 머물지 말고 대한민국 체제를 수호하고 국민들을 깨우는 데 앞장서야 할 것이다. 저자가 쓴 소책자 "이제는 교회가 나설 때"(38쪽)를 필독하면 좋을 것이다.

주민자치기본법은 자유민주주의 체제 파괴법

주민자치기본법안이 통과되면 사상 차별 금지조항으로 인해, 마을에서 '사상의 자유'가 보장될 것이다. 즉, 마을에서 주체사상·사회주의·공산주의를 연구·선전하는 조직들이 등장하고 북한을 선전하는 행태가 나타날 수 있다. 이것은 결국 국가보안법이 사실상 사라지는 등 대한민국 체제방어 장치가 허물어지는 결과를 낳는다.

그렇지 않아도 더불어민주당에서는 2025년 12월 현재 국가보안법 폐지를 추진하고 있다.

06 | 주민자치기본법 무산으로, 조례에 의한 주민자치회 실시

주민자치기본법, 불씨는 아직 살아 있다

주민자치 기본법안은 회기 종료로 끝이 났지만 언제든지 다시 발의될 수 있다. 마을활동가들의 숙원사업이기 때문이다. 이 법안들을 꼼꼼히 파악해야 한다. 그래야 좌익 마을활동가들이 어떤 마을공동체를 만들려는지, 이를 통해 대한민국 체제를 어떻게 바꾸려는지 잘 알 수 있기 때문이다.

주민자치 기본법안은 아직 통과되지 않았지만 지방의회

가 제정하는 조례를 통해 1,410여 개 읍·면·동에서 좌익형 주민자치회가 실시되고 있다. 조례에 의한 주민자치회도 주민자치기본법의 기본틀을 가지고 있다.

게다가 이재명 정권은 모든 읍·면·동에 주민자치회를 전면 실시하기 위해 그 근거법인 지방자치법 개정을 추진하고 있다. 이것이 통과되어 주민자치회가 전면 실시될 경우, 윤석열 정부 때(행안부가 표준 모델 제시)보다 훨씬 나쁜 조례들이 양산될 수 있다.

조례로 시행되는 주민자치회… 핵심 '독소조항'

조례에 의한 주민자치회는 주민자치기본법안 보다는 약하지만 그 독소내용들이 기본적으로 포함되어 있다. 대표적인 것은 주민의 자격 부분인데, 가짜주민들을 대거 주민으로 수용하고 있다.

서울시 은평구 녹번동의 주민총회 안내문을 보면 다음과 같은 내용이 기술돼 있다.

은평구 녹번동 주민총회 개최(조례)

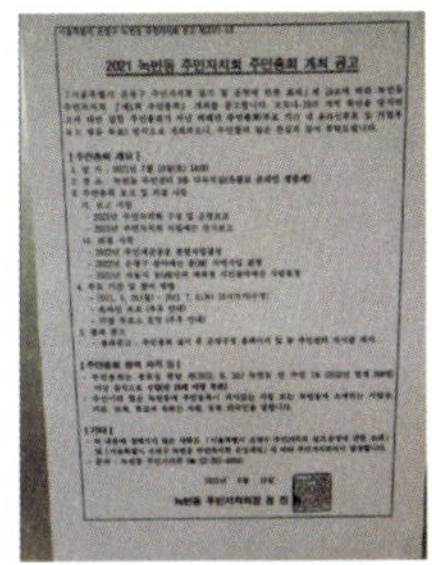

은평구 주민자치회 조례 제8조(위원의 자격)

1. 해당 동에 주민등록이 되어 있는 사람
2. 해당 동에 주소를 두고 있는 사업장에 종사하는 사람
3. 해당 동에 소재한 각급 학교, 기관, 단체에 속한 사람

0 **주민** : 녹번동에 주민등록이 되어 있는 사람 또는 **녹번동에 소재하는 사업장, 기관, 단체, 학교에 속하는 사람**, 등록 외국인
0 **전 주민의 1%** (2021년 현재 369명) 참석으로 성립
0 **만 15세 이상 참석 가능**

0 **의결사항 : 15세, 10세가 이걸 의결해??**
- 주민세균등분 환원사업 결정
- 은평구 참여예산 동 지역사업 결정

울산시
병영2동
만8세 이상

① 독소조항 1 : 가짜 주민들에게 주민의 자격을 부여

녹번동 주민자치회 조례를 보면 주민자치기본법의 핵심 독소조항인 제7조 '주민의 자격' 부분이 그대로 수용되어 있다. 즉, 대한민국 국적이 없거나 해당 읍·면·동에 주소도 없고 주민등록이 되어 있지 않은 가짜주민도 주민의 자격을 가지고 주민행세를 할 수 있게 되어 있다.

다른 지역에 살지만 해당 읍·면·동에 직장이나 학교가 있는 사람은 이 지역으로 출근하기 때문에 낮에는 이 지역에서 생활한다. 이들을 '생활주민'이라는 명분으로 달아 '주민의 자격'을 부여하고 있는 것이다.

이로 인해 민노총·전교조 조직, 인권단체·환경단체·동성애단체, 각종 협동조합·사회적기업 등 경제단체·마을학교 등 각종 좌익단체들에 소속된 구성원들은 소재하는 지역 주민총회·주민자치회 등에서 활동할 수 있게 된다.

이러한 생활주민들은 단체 소속이기 때문에 주민자치회 관련 정보공유가 빠르고 집단행동도 가능하다. 이에 반해 진짜 주민들은 이웃 간에 정보소통이 잘 안되고 집단행동도 어렵다. 그래서 진짜 주민들은 소외되고 가짜 주민들이 주민자치회를 주도하는 것이다.

② 독소조항 2 : 가짜 주민의 주민총회 장악

주민자치회의 의결기관인 주민총회는 가짜 주민들에 의해 주도될 가능성이 크다. 주민자치회를 실시하는 읍·면·동의 주민총회 홍보 전단지들을 보면, 주민총회가 대부분 평일 낮에 열린다. 따라서, 낮에 그 지역에 있는 가짜 주민들은 참여하기 쉽지만 진짜 주민들은 낮에 직장이 있는 타 지역에 가 있기 때문에 참여하기 힘들다. 결국 진짜주민보다 가짜 주민들이 주민총회, 주민자치회에서 주도적 역할을 하게 되는 것이다.

좌익이 지배하는 주민총회

주민총회가 성사되는 기준은 각 지방자치단체의 조례에 따라 다르다. 그러나 대체로 전체 주민의 1/100 또는 2/100 정도만 참여하면 된다. 서울 은평구 녹번동의 경우 전체 주민의 100분의 1 이상이 참석하면 주민총회가 성사된다.

100분의 1이란 전체 주민의 극소수이다. 주민이 2,000명인 면이라면 20명만 참석하면 되고, 주민이 5,000명인 읍이라면 50명만 참석하면 되며 주민이 1만 명인 중·소도시의 동은 100명만 참석하면 되고, 주민이 3만 명정도인 대도시의 경우라도 300명만 참석하면 된다.

이렇게 적은 인원만 참석하면 되니까 좌익 마을활동가들이 우호적인 주민을 대거 불러들여 멋대로 주민총회를 개최, 결의할 수 있는 것이다. 더욱이 주민자치회가 읍·면·동에 소재하는 좌익 단체·기관·학교의 학생, 중국 공안의 조종을 받는 100여만 명의 조선족과 중국인 근로자 · 유학생 등에게 주민 자격을 부여해 가짜 주민에 의해 주민총회가 지배되고 안건이 의결될 수 있다.

이것은 단순한 추측이 아니다. 박원순 시장에 의해 주도된 주민총회에서 실제로 그런 현상이 나타났다고 한다.

▷주민총회 참가자 연령 문제

주민총회 참여 나이 기준은 읍·면·동별로 시행규칙으로 정하고 있는데 마을에 따라 그 기준이 천차만별이다.

참여 자격 하한 기준은 만 15~18세인 경우가 많지만 만 10세·12세 등 초등학생을 포함시키는 경우도 제법 있다. 서울시 서대문구 연희동·은평구 갈현2동처럼 '만 10세 이상'으로 되어 있는 곳도 있다.

심지어 울산시 중구 병영2동의 경우엔 '만 8세 이상'으로 되어 있다. 만 8세라면 초등학교 2학년인데, 이들이 주민자치회 활동 평가·자치계획안 등을 이해하고 투표를 할 수 있을까.

대체 왜 이런 어린이들을 주민총회에 참여할 수 있게 한 것일까. 어린 학생들을 참여시켜 정치교육의 장으로 활용하고, 학생들이 좌익 교사나 좌익 마을활동가들의 지시에 따라 투표권을 행사할 것은 불 보듯 뻔한 일이다.

4장 좌익 마을공동체의 부패의 다단계 구조

주민자치회 업무 민간 좌익 단체에 위탁… 부패의 다단계

주민자치기본법안·주민자치회 조례 등 마을 관련 법안의 공통점 중 하나는 민간단체에 업무를 위탁하도록 한 제도이다. 업무를 위탁한다는 것은 곧 권한과 재정을 넘긴다는 의미이다.

주민자치회의 업무를 민간단체에 위탁한다는 건 좌익

단체들에게 주민자치회의 실질적 통치 권한을 넘기는 것이며, 아울러 자금을 위탁 단체에 지원하는 통로이다. 이는 서울시의 사례에서 잘 드러난다.

주민자치기본법안 제19조, '전문 지원기관 운영'에 관한 항목을 주목해야 한다. 제19조는 △"국가와 지방자치단체는 주민자치와 관련된 기관·법인 또는 단체를 전문 지원기관으로 지정, 위탁할 수 있다." △"해당 전문 지원기관은 민·관협력 원칙에 기반하여 주민자치회 등과 협력

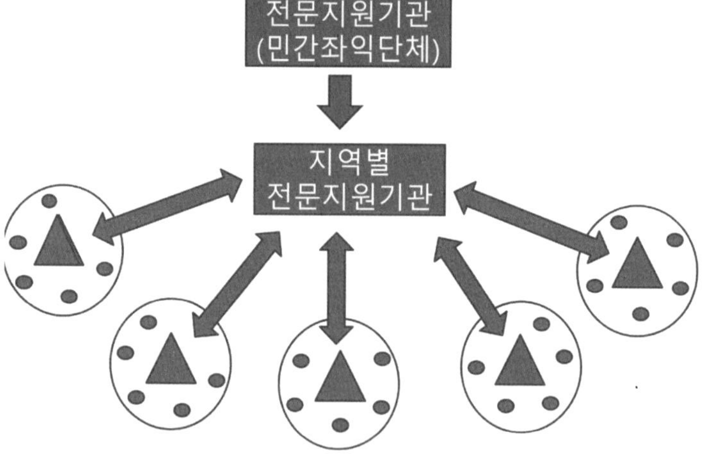

적 네트워크를 구축하고…"라고 규정하고 있다. 이 규정을 얼핏보면 주민자치회가 주도적 역할을 하는데, 지원하는 기관을 두는 것처럼 보인다. 그러나 주객이 전도된 것이다. 전문지원기관이 주이고 산하에 많은 주민자치회가 종인 것이다.

겉으로는 3,500여 개 읍·면·동 주민자치회가 독립적으로 엄청난 권한과 예산을 갖고 자율적인 권한을 행사하는 것처럼 포장했지만 사실은 국가와 자치단체가 읍·면·동 통치 권한과 엄청난 예산을 외부 좌익 민간단체에 위탁하도록 하는 엄청난 꼼수를 감추고 있는 것이다.

이러한 구조는 서울시 주민자치회 운영 체계를 통해 확인할 수 있다. 박원순 서울시는 종로구·은평구 등 각 구(區)마다 '구 주민자치 지원단'이라는 민간기구를 두었으며 민간 좌익인사가 서울시로부터 높은 인건비를 받으며 활동했다. 이것이 얼마나 부패한 구조인지는 뒤에 기술하는 서울시 종합감사 결과를 보면 바로 알 수 있다.

구청 업무 간섭, 동사무소 통제… 구(區)주민자치지원단

서울시 산하 구별로 존재하는 구(區)주민자치지원단은 지원이라는 명분 아래 좌익 마을활동가들이 업무 위탁이라는 시스템을 통해 재정을 지원받고 구청의 업무에 대해 간섭·통제를 가하는 것이다.

구 주민자치지원단은 구청 밖에 있는 민간단체임에도 불구하고 구청 업무를 간섭하고 하부의 동사무소도 통제하며, 하부의 동 주민자치회를 컨트롤 하는 동(洞) 지원관까지 통솔한다. 구(區) 주민자치지원단은 심지어 민간단체·주민 모임 네트워크 등에 대한 정보를 수집·통제·관리하는 권한도 행사해 왔다.

이들 구 주민자치지원단은 동별 주민자치회에 대해서도 정례교육·간담회 등을 통해 통제권을 행사하고, 동 주민들까지도 주민자치학교 운영을 통해 관리했다.

말하자면 구(區) 주민자치지원단은 좌익 민간활동가들이 구청 업무 전반을 감시 감독 통제하는 전체주의 시스템의 단면을 보여주는 것이다.

결론적으로 구 주민자치지원단은 좌익 민간기구이지만 주민자치와 관련해 구청·동사무소·동 지원관·구청별 민간단체·주민 모임·주민 교육 등에 이르기까지 광범한 권한을 행사한 것이다.

이렇듯 외부 좌익 민간단체가 지방행정에 대한 업무 위탁과 함께 자금까지 지원받으며 광범한 행정 감시·통제 권한을 행사한다는 것은 기존 행정조직의 무력화를 의미하며 연쇄적 부패를 낳을 수 있다.

구(區) 주민자치 지원단의 부작용… 행정조직 무력화

오세훈 서울시장은 2021년 4월7일 보궐선거에서 당선된 후 그간 박원순 전 시장이 추진했던 주민자치회 등 마을공동체 사업에 대한 불만이 분출하자 공론화를 위해 같은 해 6월7일 '서울형 주민자치회를 말하다'를 주제로 세미나를 개최했다.

이 세미나를 통해 마을공동체 사업에 심각한 문제가 있다는 사실이 드러났다. 이에 행사 후 불과 1주일 만에 의원의 90% 이상이 더불어민주당 소속인 서울시의회는 박원순 시장이 주도한 서울시 마을공동체 사업 등의 컨트롤 센터인 '서울 민주주의 위원회'를 3년 만에 폐지했다. 이는 그만큼 박원순 시장이 추진한 마을공동체 사업 등에 심각한 문제가 있었음을 방증하는 것이다.

서울시, 사업 전반에 대한 종합감사 실시

이에 오세훈 서울시장은 마을공동체 사업 등 민간 좌익 세력이 개입해 온 서울시 사업 전반에 대한 종합감사를 실시했다. 그 결과를 '서울시 바로 세우기'란 이름으로 발표했다.

오 시장은 "특정 시민단체가 중간 지원조직이 되어 다른 시민단체들에게 보조금을 지급해 왔다"면서 "박원순 시장 재임 10년간 (좌익 성향) 시민단체에 1조 원이라는 거금이 지원되었음"을 밝히면서 "서울시 예산은 (좌익성향) 시민단체의 ATM기로 전락했다"고 비판했다. 오 시장 자신도 감사 결과 서울시민이 낸 예산을 멋대로 써 버린 전 시장의 행태에 놀라움을 금치 못한 것이다. 이것이 주민자치회·마을공동체 사업의 실상이다.

마을공동체 사업 종합감사 결과 발표문

다음은 2021년 9월13일 오세훈 서울시장이 발표한 마을공동체 사업 종합감사 결과의 내용이다.

> "서울시는 지난 10년간 민간보조금 또는 민간위탁금이라는 명목으로 직접 또는 자치구를 통해 (좌익성향) 시민사회와 시민단

체에 지원해 왔습니다.

마을과 도시재생·사회적 경제·주민자치·협치는 말할 것도 없고 주거·청년·노동·도시농업·환경·에너지·남북교류 등 전통적으로 중앙정부와 민간 고유의 영역으로 인식되던 영역, 그리고 아직은 행정에 있어 생소한 분야에까지 대대적인 지원이 이뤄졌습니다.

지난 10년간 민간보조금과 민간위탁금으로 지원된 총금액이 무려 1조 원 가까이 됩니다. …

"(좌익성향) 시민단체 출신 인사들이 임기제 공무원으로 서울시 도처에 포진해 위탁업체 선정에서부터 지도 · 감독까지 관련 사업 전반을 관장하고 자신이 몸담았던 시민단체에 재정 지원을 하는 그들만의 마을, 그들만의 생태계를 만들었습니다. (…) 이것도 모자라 중간 지원조직이라는 창구를 각 자치구에도 설치하고 그것조차 또 다른 시민단체에 위탁해 운영하도록 했습니다. 이것이야말로 (좌익성향) 시민단체의 피라미드, 시민단체형 다단계가 아닐까요?"

"서울시의 곳간은 결국 이렇게 시민단체 전용 ATM기로 전락해 갔습니다." … "시민 혈세를 내 주머니 쌈짓돈처럼 생각하고 '시민'이라는 이름을 내세우며 사익을 좇는 행태를 청산할 것입니다."

서울시 종합감사로 드러난 마을공동체의 부패 구조

오세훈 시장이 주도한 서울시 종합감사 결과, 마을공동체 시스템의 심각한 부패 구조가 백일하에 드러났다. 문재인 정권이 추진한 주민자치기본법안은 이러한 부패한 마을공동체 사업을 전국 3,500여 개 읍·면·동에 전면 도입하겠다는 것이었다. 대한민국을 망치려는 게 아니었나 저의가 의심되는 일이다.

하지만 윤석열 정부가 들어선 후 정부와 서울시로부터 보조금을 받은 (좌익성향) 시민단체 1,716곳을 대상으로 감사원이 특별감사에 돌입했다. 무자격 시민단체가 보조금을 받았거나 횡령 또는 회계 부정이 있었는지 가려내고, 불법적인 돈은 회수하겠다는 것이다. 감사원의 이러한 적극적 감사 자세는 좌익세력에게 눈 밖에 나는 일이었고, 좌익진영으로부터 집중포화를 맞기도 했다.

윤미향 전 의원의 행적이 계기가 된 특별감사

매일경제는 서울시의 시민단체들에 대한 종합감사와 관

련 이를 다음과 같이 보도했다.

"이렇게 특별감사에 착수한 것은 윤미향 의원이 정신대 문제대책협의회(현 정의기억연대) 대표를 지내면서 7년간 정부와 서울시로부터 보조금 3억 원을 부정 수령 한 혐의로 재판에 회부된 것이 계기가 됐다고 한다. 서울시만 하더라도 박원순 전 서울시장 재임 시절 시민단체에 지급된 보조금이 1조 원을 넘는다고 한다."

그러면서 매일경제는 시민단체가 정부로부터 돈을 받는 것은 잘못된 일이라고 질타하면서 다음과 같이 주장했다. "모든 언론이 이 문제를 공론화하기 바란다. 대한민국의 미래를 위해서다."

시민단체는 정부의 돈을 받지 않는 게 원칙

매일경제는 사설을 통해 이렇게 보도했다.

미국 뉴욕에 본부를 둔 인권단체인 휴먼라이츠워치(HRW)가 "정부 돈은 직접적이든 간접적이든 받지 않는다"고 홈페이지에 명시해 놓은 것도 그런 이유 때문이다. 미국 시민단체는 설사 정부 보조금을 받는다고 해도 철저하게 사업비로만 쓴다. 인건비나 임대료·사무용품 구입비 같은 운영 경비로 보조금을 쓰는 건 불법이기 때문이다.

그럼에도 박원순 전 시장이 시민단체를 앞세워 추진했던 마을생태계 조성사업은 지원금 절반이 인건비 등 행정 비용으로 사용됐다고 하니 기가 막힐 일이다. 보조금 없이는 기본 운영비마저 감당할 수 없다면 시민단체가 아니라 사실상 관변단체라고 보는 게 옳다. 심지어 문재인정부 당시 시민단체 출신이 지자체의 임기제 공무원으로 채용돼 보조금 지원 업무를 주도한 사례까지 있었다.

심각한 이해충돌이다. 이러니 정부 보조금이 '친(親)정부 성향 시민단체'의 밥줄 노릇을 했다는 비판이 나오는 것이다. 감사원은 지난 정부(문재인 정부)에서 벌어진 시민단체 지원의 문제점을 낱낱이 밝히는 데 그치지 않고 국민 세금이 줄줄 새지 않도록 제대로 된 재발 방지책도 함께 내놓길 바란다." (매일경제 2022.08.10. 사설, '감사원 1,700개 시민단체 보조금 특감, 줄줄 새는 눈먼 돈 막아라')

01 | 마을 교육공동체… 좌익의 가치교육 전략

1〉마을 교육공동체 활성화 사업이란…

마을 교육공동체 관련 법안이나 주창자들에 따르면 마을 교육공동체란 학생·학부모·교직원과 지역사회가 학생의 교육활동 지원을 위해 협력 및 연대하는 공동체를 말한다. 쉽게 말하면 학생들에 대한 교육은 부모와 교사뿐 아니라 지역사회 즉 좌익 마을교육 활동가들도 적극 참여하겠다는 뜻이다. 엄밀히 말하면 읍·면·동 좌익 마을교육 활동가들이 교육주도권을 장악해 행사하겠다는 것이 솔직한 의도일 것이다.

마을 교육공동체 활성화 사업이란 무엇일까? 2019년 12월11일 교육부에서 만든 보도자료에 따르면, 이 사업은 읍·면·동별로 모든 유사 교육기관과 교사들을 통합 관리하고 사회주의 가치교육을 실행한다는 것이 목적이다. 이를 구체적으로 나누어 보자.

"모든 교육기관을 통합 관리하겠다…"

▷자치단체와 교육청, 읍·면·동 주민자치회, (좌익성향) 시민단체, 마을활동가 등이 함께 컨트롤 센터를 만든다. 이는 좌익세력이 읍·면·동 교육을 통합하는 중심 역할을 하겠다는 것이다.

▷읍·면·동 모든 교육기관을 통합 관리하겠다는 것이다. 읍·면·동별 관내 유아원·유치원·지역 아동센터·정규 학교·마을 학교·마을 도서관·평생교육원 등을 통합 관리한다는 것이다.

2019년 교육부 보도자료에 이 내용이 잘 나와 있다. '지금까지 정규학교(초·중·고교). 청소년시설, 마을도서관, 좌익 마을학교 등이 별도로 운영되어 왔는데, 이를 통합 관리하겠다'고 발표했다.

읍면동 모든 교육기관을 통합하겠다

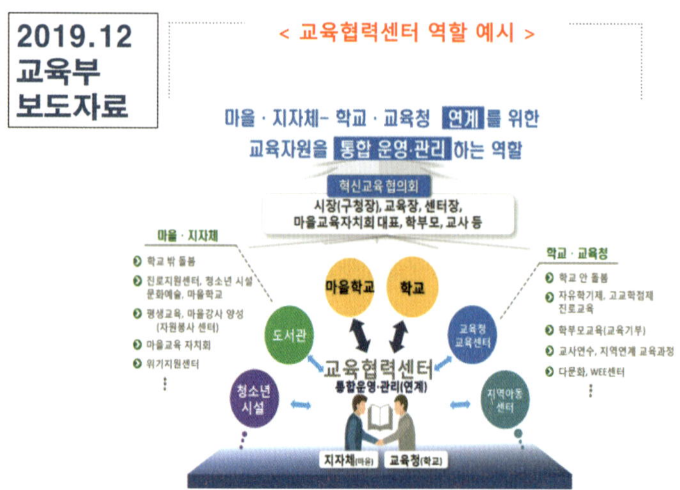

모든 교육기관을 통합해서 관리하겠다는 의미는 뭘까? 이는 읍·면·동의 모든 교육기관을 일괄적으로 통제하겠다는 것이다. 읍·면·동 차원의 교육 영역에서의 전체주의 시스템 도입이다. 또한, 단순한 좌익 교육기관인 마을 학교에도 초·중·고등학교와 같은 공교육 기관처럼 국가와 자치단체로부터 재정적 지원을 받도록 하려는 의도도 있는 것으로 보인다.

또한, 정규학교 교사와 민간(좌익성향) 강사 등을 통합하여 활용하겠다는 것이다. 이것은 곧 좌익 마을 교육활동가·마을 강사들을 초·중·고등학교와 같은 정규 학교에 강사로 적극 활용하겠다는 의미이다. 그렇게 되면 초·중·고등학교의 정규 수업 시간에 좌익 강사들로부터 블라디미르 레닌·카를 마르크스 등 공산주의 사상가들의 주장에 관한 강의나 성미산마을 견학 등 좌익 마을공동체 수업이 일상화될 것이다. 문정권이 제시한 이 전략의 핵심은 모든 교육기관들을 전체주의적으로 통합 관리하겠다는 것이고, 좌익 마을활동가·마을 강사 등을 공교육에도 적극 활용하겠다는 것이다.

'요람에서 무덤까지'… 살벌한 사회주의 세상

교육부는 보도자료(2019.12)를 통해 '요람에서 무덤까지'라는 슬로건을 내걸었다. 영아 때의 보금자리 '요람'에서 늙어 죽어서 가게 되는 '무덤'까지라는 표현은 사회주의 세상을 포장하는 용어이다.

요람에서 무덤까지, 모든 교육 연계화

<공동 협력센터를 통한 지원내용(예시)>

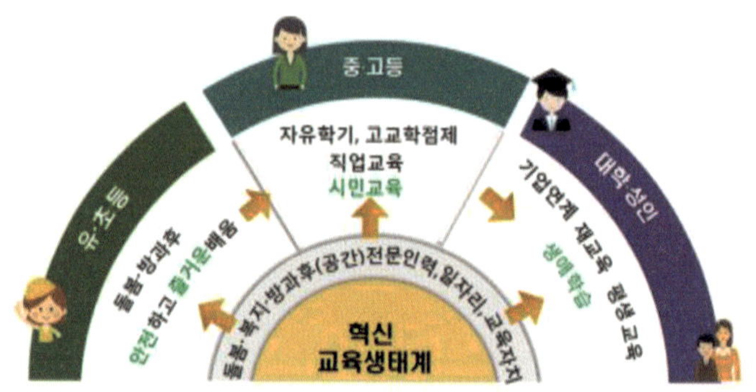

과거 소련·북한 등 공산주의 국가들은 바로 '요람에서 무덤까지'라는 캐치프레이즈를 내세우며 국가와 사회가 인민들의 평생의 삶을 책임진다고 선전했다. 그러나 태어나서 죽을 때까지 국가와 사회가 책임을 진다는 것은 그 과정에서 개인의 자유가 사라진다는 의미이다.

교육 분야에 '요람에서 무덤까지'를 적용하면 한 인간이 태어나서 죽을 때까지 주어진 틀에 맞는 사상교육을 필수적으로 받아야 한다는 말이 된다. 이것을 좀 더 구체적으로 말하면, 마을에 있는 △유아원 △유치원 △초·중·고교 △대학교 △성인학교(기술학교·노인대학) 등 교육기관은 독립적·자율적으로 운영되는 것이 아니라 서로 연계된 교육을 해야 한다는 의미이다. 학생·학부모·마을 주민 모두가 유아로부터 노인에 이르기까지 모두 사회주의공동체에 맞는 가치교육을 받아야 한다는 것이다.

이는 북한·중국·베트남 등 공산·사회주의 국가들이 추진해 온 교육 정책이다. 탁아소로부터 초·중·고등학교, 대학 등 모든 교육기관을 통합하여 벽돌을 찍어 내듯 일체화된 사회주의형 인간을 만들어 내는 교육방식을 연상하면 된다.

"아이 하나를 키우기 위해선 온 마을이 필요하다"

문재인 교육부는 "한 아이를 키우는 데는 온 마을이 필요하다"는 슬로건도 내세웠다. 이 말은 원래 아프리카 속담인데, 집단생활을 하고 사망 연령이 낮은 사회일수록 의미있는 말일 수 있다. 그러나 개인의 자율이 중시되는 현재 자유민주주의 체제 사회에서는 받아들여질 수 없는 말이다. 자녀 양육권은 원래 부모에게 있고 양육도 부모가 책임지는 게 당연한 것이다.

문재인 정권이 주장한 그런 내용은 부모의 아이 양육권을 더욱 제한하고 마을 교육공동체가 아이 양육권을 더 적극적으로 행사하겠다는 의도를 가진 것이다. 좀 더 구체적으로 보면 읍·면·동의 좌익 마을활동가를 비롯해 정규학교 교사·마을 강사 등 교사들, 학생, 학부모, 지역 주민 등이 함께 교육에 참여하도록 했는데, 이 중에서도 좌익 마을활동가·마을 강사 등이 주도권을 갖겠다는 의도가 분명해 보인다. 결국, 마을 단위에서 아이들을 사회주의 사상관에 입각한 집단양육을 하겠다는 것으로 판단할 수 있다.

"온 마을을 가치교육 생태계로 만들겠다"

문 정권은 아이들뿐 아니라 학부모·지역 주민들까지도 교육 대상에 포함시키는 정책을 펼치고자 했다. 2021년

8월20일 당시 국회 보건복지위원회 소속 이용호 의원 (무소속, 남원·임실·순창)이 대표 발의한 '마을 교육공동체 활성화법'('교육기본법')의 법안 내용을 보자. 거기엔 법안 발의 목적이 다음과 같이 명시돼 있다.

"생활 환경을 같이하는 학생과 학부모·교직원과 지역 주민이 함께 가치를 공유하는 교육 생태계 조성하는 것(이 목적이다.)"

마을 교육공동체 주창자인 김용련 한국외국어대 교수도 "마을 교육공동체는 궁극적으로 지역의 교육적 역량을 강화해서 그 지역의 학생과 주민을 주체적 시민으로 성장시키는 것"이라고 주장했다. 이는 마을 교육공동체를 통해 읍·면·동에 사는 학생들과 주민들까지도 정치 사상적 각성 교육을 시키겠다는 뜻이다.

김용련 교수는 "교육이란 삶이 곧 배움이고 노동임을 가르치는 것"이라 주장하면서 마을 교육공동체를 통해 "민주시민 교육"을 할 것을 강조했다. 이들이 주장하는 민주는 자유민주주의 민주가 아니라 민중민주·인민민주의 개념이다.

중·고등학교 '민주시민 교육' 교재의 내용들

좌익진영에서 흔히 말하는 '민주시민교육'이란 무엇일까. 진짜 민주시민으로서 가져야 할 도덕교육을 말하는 것이 아니고 좌익 교육자들이 하는 사회주의 사상교육을 의미하는 것이다.

중학교 '민주시민 교육' 교재에 실린 내용들을 보면 이와 같은 개념에 기반해 교육 프로그램을 만들었다는 것을 알 수 있다. 학급당 차별금지법 만들기·성소수자 옹호·무분별한 난민 인정 등의 내용들이 수록되어 있기 때문이다. 또한, 고등학교 '민주시민 교육' 교재에도 기독교인이 지하철 내에서 전도하는 것을 타인에 대한 인권 침해로 묘사하는 등 자유민주주의 개념의 네오마르크시즘 사상에 입각해 만들어진 내용들이다.

마을에서 민주시민교육을 하겠다는 뜻은?

대한민국 하부를 구성하는 3,500개 읍·면·동에서 학생들과 주민들에게 민주시민교육을 하겠다는 뜻은 '대한민국 읍·면·동 전체를 사회주의 체제에 맞는 집단 사상 교육을 시키겠다'는 뜻이다.

문 정권과 좌익세력의 의도는 결국 주체사상·사회주의·네오마르크시즘, 즉 변종 공산주의 사상을 집단적으로 교육시키겠다는 것이다. 다시 말하면, 이러한 교육을 통해 대한민국의 모든 마을을 반(反)자유민주주의, 공산·사회주의 정치사상을 공유하는 교육 생태계로 만들겠다는 의미다. 대한민국 체제를 전체적으로 전환 시키겠다는 것이다. 이재명이 말한 "꼬리를 잡아 몸통을 흔든다"는 것이고, 다시 말하면 "마을을 잡아 대한민국을 바꾸겠다는 것이다"

마을공동체는 '자유주의적 개인주의'를 반대한다

마을공동체·마을 교육공동체 등 마을주의는 마을을 사회주의화하기 위한 일종의 프레임이라고 할 수 있다. 좌익성향의 마을연구소 소장 정모 씨는 다음과 같이 말했다.

"개인의 자유가 증가할수록 타인에 대한 배려와 존중·이

타주의·사회의 공동선·좋은 사회에 대한 관심이 사라진 사회가 출현하고 있다.”

그는 또 이런 발언을 하기도 했다.

“(우리는) 마을(Commune · 코뮨)이라는 공동체의 가치를 따르는 공동체주의(communitarianism · 코뮤니태리어니즘)를 믿고 받아들인다. 따라서 공유된 가치와 공동선을 무시하거나 훼손하는 일체의 자유주의적 개인주의를 반대한다.”

그가 말하는 것은 일종의 ‘마을주의’에 관한 것이다. 이러한 마을주의는 개인의 존엄과 자유를 묵살하는 ‘전체주의적 성향’을 보유함을 알 수 있다. “일체의 개인주의를 반대한다”는 어구에 소름이 돋는다.

이같은 위험한 사상에 기반한 마을공동체를 만들려는 시도가 지금 대한민국에서 일어나고 있는 것이다. 이렇듯, 마을 교육공동체에 입각한 교육통합 시도는 대한민국 사회를 구성하는 하부 조직인 마을을 자유민주주의 사상을 세탁해 희석시키고, 사회주의 사상·문화로 교체하기 위한 의식화 작업이라고 할 것이다.

부산교육대 유아교육학과의 김정래 교수는 마을 공동체주의에 대해 "그 형성 동기와 본질을 한참 벗어나서 우리의 의식 저변에서 자유민주주의와 시장경제를 폄훼하는 기제로 작용한다"고 평가하고 있다.

2) 마을교육시스템의 전체주의화

문 정부의 마을 교육공동체 입법화 노력

마을공동체는 일체의 자유주의적 개인주의를 반대하며 공산·사회주의적 전체주의를 지향한다는 것을 앞서 이야기한 바 있다. 문재인정부는 교육부 등의 주도로 마을교육공동체 확립을 위한 준비 과정을 거친 후, 2021년 들어 이를 법제화하는 법안들을 발의했다.

무소속이었던 이용호 의원(2021.11 국민의힘 입당)이 발의한 '마을 교육공동체 활성화법'('교육기본법' 일부개정법률안, 2021.8.20), 권인숙 더불어민주당 의원이 발의한 '마을 교육공동체 활성화 및 지원에 관한 법률안' 등이 대표적이다.

그리고 교육부의 자료에 따르면, 읍·면·동 마을교육이 별도로 이루어지는 것이 아니라 철저히 전체주의 시스템으로 운영되도록 통제시스템 구축을 구상하고 있었다. 여러 개의 읍·면·동 교육공동체를 묶어 1권역, 2권역, 3권역으로 묶는 시스템이다. 이러한 시스템을 권역별 '마을 교육자치회 네트워크'라고 했다. 이것이 바로 교육 전체주의시스템인 것이다. 이러한 마을 교육자치회 네트워크는 분명코 상위에 전국적 네트워크를 구축하고 있을 것이 분명하다.

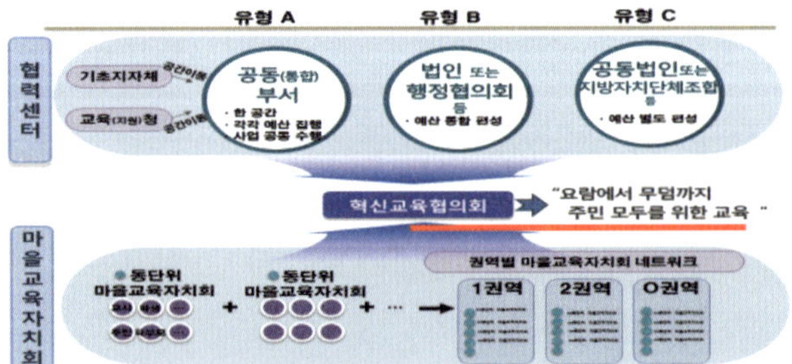

'마을 교육공동체 활성화 지원 조례'… 아산시의 경우

전국적으로 볼 때, 조례에 의한 읍·면·동별 마을교육 공동체를 설치한 경우가 많이 있다. 2022년 4월 통과된 아산시의 '마을 교육공동체 활성화 지원 조례'를 살펴보자.

이 조례에는 읍·면·동을 좌익형 마을 교육공동체로 만들려는 의도가 잘 드러나 있다. 구체적인 내용을 보면 ▷제4조(마을 교육공동체 활성화 사업 및 지원)에는 '마을 교육공동체와 관련된 활동가·단체의 육성 및 활동 지원'에 관한 것이 규정돼 있는데, 아산시장이 시 예산으로 좌익 마을 교육활동가 및 좌익 교육단체들을 합법적으로 지원하겠다는 것이다.

▷제11조(지원센터의 설치 및 운영)에는 마을 교육공동체 사업을 주도하는 컨트롤 센터로 마을 교육공동체 지원센터를 두도록 했는데, 이 조직의 주도권을 좌익 마을활동가들이 장악하도록 했다. 또한 이 기능의 일부 또는 전부를 외부 좌익단체에 위탁할 수 있도록 했다.

▷제12조에는 마을공동체 지원센터의 기능으로 '마을 교육공동체 육성·지원, 마을학교(배움터) 조성, 교육민회 운영, 마을 교육활동가 육성·운영 등'이 규정돼 있다. 이는 '아산시 예산과 지원으로 합법적으로 좌익형 마을학교를 지원해 주고, 마을 강사 등 마을 교육활동가를 양성·지원하는 등 아산시 읍·면·동 모두를 (좌익형) 마을 교육공동체로 육성하겠다'는 뜻이다.

이러한 마을 교육공동체 조례는 궁극적으로는 읍·면·동 좌익 마을 교육활동가들에게 대한민국의 하부 교육 기능을 위탁하는 것이고, 결국 대한민국 전체를 사회주의 체제로 변혁하려는 악법이다.

02 | 마을경제공동체, 주민들의 경제적 네트워크화

좌익 마을 경제공동체 확산

대한민국 하부를 구성하는 읍·면·동에서 다양한 새로운 경제 주체들이 속속 성장하고 있다. 시장경제 체제에 입각한 일반 기업들이 아니라 좌익성향 세력이 주

도하는 협동조합·사회적기업 등 좌익성향 경제단체들
이다.

박원순 전 서울시장이 등장(2011)한 이후 좌익형 경제시
스템이 확산되기 시작했고, 특히 문재인 정부에 의해 법
제화와 국가적 정책으로 인해 협동조합, 사회적기업, 마
을기업 등 좌익형 경제시스템이 하부 경제생태계의 중
요한 축으로 자리를 차지했다.

다양한 형태의 협동조합·사회적기업 등 좌익형 경제공
동체의 문제를 검토해 보자.

생활협동조합(생협)의 운영 구조

먼저, '한살림' '아이쿱생협' '두레연합' '대학 생협연합
회' '행복중심생협' 등 좌익성향의 대형 생활협동조합(생
협)이 있다. 생협은 유기농 농산물 유통을 중심으로 한
소비형 생활협동조합인데, 각 지역별 전국조직을 가지
고 운영하고 있다.

이러한 대형 생협은 좌익단체들과 상생하는 네트워크

구조로 운영되고 있다. 이들 대형 생협은 △학교 급식노조의 도움으로 학교에 납품하기도 하고 △좌익성향 인사들이 주요 소비층을 구성하기도 한다. 또한 △좌익 농민이나 좌익 농산물단체들로부터 농산물을 고가로 매수해 농촌 좌익 활동가들이 지역 농민들로부터 민심을 얻는 수단이 되기도 한다.

△청년들을 채용해 좌익 경제생태계 안으로 끌어들이는 수단으로 활용하며 경력을 쌓은 후 공직으로 진출하는 통로로도 활용된다. 나아가 대형 생협은 △신생 좌익 협동조합에 경영 노하우를 전수해 좌익 경제생태계를 확장하는 교사의 역할도 한다.

이명박 정부 말기 '협동조합기본법' 통과

좌익세력이 주도하는 경제공동체에서 중요한 역할을 하는 것이 바로 협동조합이다. 협동조합은 생산형 협동조합·서비스형 협동조합·유통형 협동조합·복지형 협동조합 등 다양한 형태로 운영된다.

이러한 협동조합 만들기를 가능하게 한 것이 바로 이명박(MB) 정부이다. MB정부 말기인 2012년 12월1일 느닷없이 '협동조합기본법'을 통과시켜 준 것이다. MB정부에선 서민들에게 경제적 활로를 터주기 위해 필요하다고 생각했겠지만, 좌익세력이 이를 어떻게 악용할지를 제대로 검토했는지 의심스럽다.

협동조합은 독자 창업이 어려운 사람들이 모여 경제공동체를 만들어 이익을 창출하는 구조로 이루어져 있다. 하지만 본래의 좋은 뜻에서 벗어나 좌익세력이 협동조합을 자신들의 세력을 넓히는 수단으로 적극 활용하는 바람에 그들의 전유물이 되고 말았다.

다양한 협동조합… 경제공동체 확장의 수단

좌익세력은 다양한 협동조합 등을 통해 공동수익을 창출할 뿐 아니라 끈끈한 인적 네트워크를 통해 공동구매·공동소비로 이익을 극대화하고 취업이나 각종 정보와 기술·노하우를 공유하는 등 경제공동체를 확장해 갔다.

좌익성향이 아닌 사람도 경제적 이익을 위해 경제공동체에 들어가 활동하다 보면 자연스럽게 좌익 사상에 빠져들어 가는 것이다. 그러므로 협동조합·사회적기업 등 경제공동체는 좌익세력이 마을 주민을 우군화해서 마을의 체제를 바꾸는 수단으로 활용되고 있는 것이다.

특히 문재인 정부 출범 후 읍·면·동 좌익 경제생태계를 확립하기 위해 마을기업 육성 및 사회적 경제를 위한 법안, 지역 상권을 위한 다양한 조례 등을 우후죽순처럼 발의·제정했다. 이는 지역의 좌익세력을 지원함과 동시에 경제생태계를 통해 지역 유권자들을 우군화해 좌익 영구집권의 기반을 확립하려 한 것이다.

03 | 좌익 마을 치안공동체, 경찰의 좌익세력 기관화

공산·사회주의 세력은 기본적으로 정권을 잡는 것을 제1차 목표로 하고, 정권 잡은 후 공산·사회주의 체제로 바꾸는 것을 궁극적 목표로 삼는다. 블라디미르 레닌은 이러한 목표를 이루기 위해 먼저 권력기관을 장악할 것을 강조했다.

국제공산주의운동 연구의 일인자인 버지니아대학 하몬드 교수는 러시아 공산주의 혁명 모델의 특성을 폭력·선전 선동·냉철함·전략 전술·포장 등으로 분석했다. 하몬드 교수는 '전략 전술' 항목에서 "동유럽 등 여러 나라에서 공산주의자들이 연합정권에 참여해 군사·경찰·법무 등의 국방·치안 관련 자리부터 먼저 장악하고 차례로 다른 자리를 틀어쥐며 마지막으로 권력 전체를 고스란히 손에 넣었던 것도 레닌의 전략 전술을 그대로 교훈 삼아 행동했던 것"이라고 주장했다. 이같이 문재인 정권이 경찰을 먼저 장악해간 것은 체제 변혁에 필요한 선결조치였던 셈이다.

문재인 정권의 자치경찰제, '빛 좋은 개살구'

김대중, 노무현, 문재인 정권까지 좌익정권은 공히 정보·수사기관인 국정원, 치안·사법기관인 경찰, 사법기관인 검찰·법원 등을 장악하기 위해 오랫동안 심혈을 기울

여왔다. 특히 정보·수사기관인 경찰을 우군화하기 위해 최선의 노력을 다했다. 문재인 정권은 경찰의 주도권을 좌익세력이 장악하도록 제도개편을 단행한 것이 바로 자치경찰제이다.

자치경찰제란 경찰을 국가경찰과 자치경찰로 구분해 업무를 이원화하는 것으로, 문 정권 출범 후 꾸준히 준비해 2021년 7월1일부로 시행되었다. 자치경찰의 업무로는 아동·여성·청소년 보호 및 안전사고 등 생활 안전, 교통 정리·경비, 학교폭력 등 소년범죄·가정폭력·아동학대 등에 대한 수사, 교통사고 등으로 되어 있다.

자치경찰제는 겉으로 보면 경찰이 주민 가까이에서 서비스를 하니까 좋은 제도로 보이지만 여기엔 좌익세력이 경찰 권력을 장악하려는 의도가 숨겨져 있다.

독립된 권한 갖는 합의제 행정기관…

자치경찰 업무를 관장하는 컨트롤 타워는 시·도 자치경찰위원회이다. 시·도 자치경찰위원회는 시장과 도지사

산하에 있지만 업무에 관한 한 시장과 도지사로부터 독립되어 있다.

'국가경찰과 자치경찰의 조직 및 운영에 관한 법률'(약칭 경찰법) 제8조 제2항에는 "시·도 자치경찰위원회는 합의제 행정기관으로서 그 권한에 속하는 업무를 독립적으로 수행한다"고 명시되어 있다. 특별한 사유가 아니면 경찰청장으로부터도 독립된 권한을 행사하는 것이다.

이 말은 곧 시·도 자치경찰위원회가 자치경찰 업무를 최종 지휘·감독하는 권한을 갖는다는 의미이다. 자치경찰 업무를 담당하는 부서와 자치경찰관은 지방경찰청-경찰서-파출소에 배치되어 있고, 이들은 시·도 자치경찰위원회의 지시에 따라 움직인다. 그러므로 시·도 자치경찰위원회에 대한민국 경찰의 하부조직을 통제·관리할 수 있는 권한을 부여한 것이다.

좌익성향 세력이 장악한 시·도 경찰위원회

대한민국 경찰의 말초신경을 장악하고 있는 시·도 자치

경찰위원회 조직은 어떤 사람들이 차지하고 있을까.

시·도 자치경찰위원회는 1명의 위원장과 6명의 위원(상임위원 1명, 비상임위원 5명), 총 7명으로 구성된다. 시·도 지사가 임명권을 행사하지만, 추천자는 다음과 같다. 시·도지사가 직접 1명을 지명하고, 시·도의회가 2명, 시·도 교육감이 1명, 위원추천위원회가 2명, 국가경찰위원회가 1명을 추천한다.

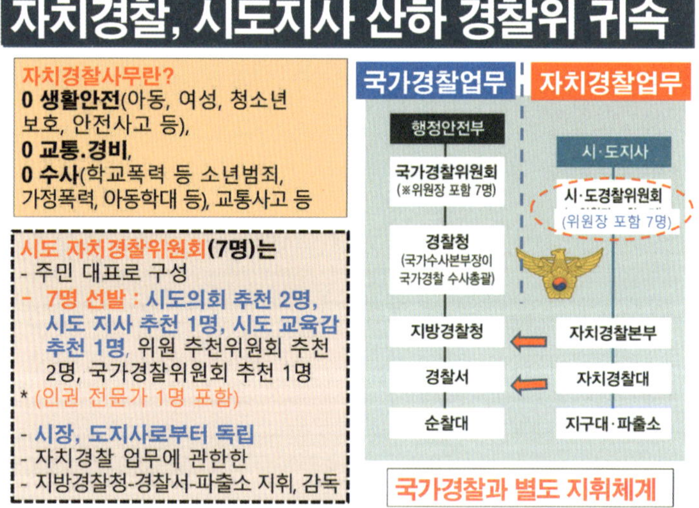

추천자만 보더라도 좌익성향의 인사들이 추천될 확률이

높다는 것을 알 수 있다. 윤석열 정부 들어 2022년 6월 지방선거가 있기 이전에는 전국의 시·도지사, 시·도 의원은 더불어민주당이 압도적 비율을 차지하고 있었고, 전국 시·도의 교육감도 좌익성향 인물이 압도적이었다.

이런 상태에서 2021년 7월 자치경찰제가 실시되었으니 시·도 자치경찰위원회의 구성이 압도적으로 좌익성향을 띨 수밖에 없었다. 정권이 바뀐 윤석열 정부하에서도 좌익성향의 주민대표들이 자치경찰을 장악하고 있었다고 할 것이다.

좌익성향 세력이 파고들 틈새 만들어 놓은 경찰법 제19조
더욱이 경찰법 제19조(시·도 자치경찰위원회의 구성)에는 시·도 자치경찰위원 7명을 선정할 때 '위원 중 1명은 인권 문제에 관하여 전문적인 지식과 경험이 있는 사람이 임명될 수 있도록 노력하여야 한다'는 규정도 있고, 실제로 시·도 자치경찰위원회에 대체로 2명 이상의 인권

전문가가 포함되어 있다고 하니, 위원들의 구성 성향이 어떠한지 알 만하다.

또한, 경찰법 제20조 제2항에는 시·도 자치경찰위원회 위원이 될 수 있는 자격이 규정돼 있는데, 여기에도 좌익성향 인사와 좌익 마을활동가들이 들어갈 수 있는 틈새들이 곳곳에 만들어져 있다.

제20조(시·도 자치경찰위원회 위원의 임명 및 결격사유)

② 시·도 자치경찰위원회 위원은 다음 각 호의 어느 하나에 해당하는 자격을 갖추어야 한다.

1. 판사·검사·변호사 또는 경찰의 직에 5년 이상 있었던 사람

2. 변호사 자격이 있는 사람으로서 국가기관 등에서 법률에 관한 사무에 5년 이상 종사한 경력이 있는 사람

3. 대학이나 공인된 연구기관에서 법률학·행정학 또는 경찰학 분야의 조교수 이상의 직이나 이에 상당하는 직에 5년 이상 있었던 사람

4. 그 밖에 관할 지역주민 중에서 지방자치행정 또는 경찰행정 등의 분야에 경험이 풍부하고 학식과 덕망을 갖춘 사람

특히 4항목엔 민변 출신 변호사나 좌익성향 교수는 물론이고 좌익 마을활동가들이 들어갈 수 있도록 '지역 주민 중에서 주민자치 행정에 경험이 풍부한 사람' 등의 문구가 삽입돼 있다.

수사권 독점, 경찰의 무소불위 권력남용 불 보듯

경찰은 8·15해방 정국과 6·25전쟁 전후 좌익세력, 즉 공산세력과의 치열한 전투에서 큰 역할을 담당했고, 그 과정에서 좌익들로부터 많은 희생을 당했던 대한민국 체제수호세력이다. 이러한 경찰이 문재인 정권 5년 동안 좌익세력에 장악당해 체제수호세력을 통제하는 기관으로 역전된 현실에 놓인 것이다.

윤석열정부도 이의 실체를 깨닫고 행정안전부 내에 경찰국을 신설하는 한편 경찰제도발전위원회를 조직하는 등 경찰문제를 해소하려 했으나 미봉책에 그쳤다.

이렇듯 자치경찰 문제는 앞으로 상당히 심각한 문제를 불러올 공산이 크다. 특히 이재명 정권 아래서 좌익정권의 수족으로서 가장 위험한 행태를 보일 기관이 바로 경찰이라는 지적이 많다. 이미 국수완박(국정원의 대공수사권 완전 박탈), 검수완박(검찰수사권 완전 박탈)을 통해 국정원, 검찰 수사권을 완전히 제거했고, 오로지 경찰만이 이 권한을 행사하는 경찰국가가 되었기 때문이다.

6장 마을공동체, 좌익 전체주의 독재시스템

01 | 피라미드식 전국 조직망… 마을의 좌익 마피아

좌익 마을활동가들은 겉으로는 주민자치, 지방분권, 마을민주주의, 직접민주주의 등을 선전하면서도 자신들이 지배하는 마을공화국을 만들려 하고 있다. 이들은 어떻게든 정부와 자치단체로부터 많은 권한과 재정적 지원을 받아내고 주민들을 그들의 수중 안에 장악하려고 한다.

이들은 자신들의 세상을 만들기 위해 "마을기본법" 제정에 온 힘을 기울였다. 그런 노력의 결과로 문재인정부 당시 더불어민주당은 마을활동가들의 요구를 받아들여 주민자치기본법과 3가지 버전의 마을공동체 기본법안을 발의한 것이다.

마을공동체로 전체주의 시스템 구축하는 전략

김영배 더불어민주당 의원이 2021년 1월 대표 발의한 주민자치기본법안을 보면 '지방분권'이니 '주민자치' '마을 민주주의' '주민이 주인 되는 세상' 등 온갖 미사여구로 포장하고 있어, 얼핏 보면 주민자치회가 주민들의 의견을 들어 자율적인 권한 행사를 하는 자발적인 기관인 줄 알기 쉽다. 주민들은 깜빡 속아 넘어갈 만하다.

하지만 이건 주민이 볼 수 있는 무대 앞면의 모습이고, 무대 뒤편에선 지극히 집권적인 전체주의 통제시스템이 준비되고 있다. 문 정권은 그 통제시스템 구축을 위해 3,500여 개 읍·면·동 주민자치회 등을 전국적으로 통제·관리하고 사회주의 체제로 만들어 가기 위한 법안들을 발의한 것이다.

이해식 민주당 의원이 대표 발의한 '마을공동체 활성화

기본법안'(2020.9.23), 진선미 의원이 대표 발의한 '마을 공동체 기본법안'(2021.1.19), 서영교 의원이 대표 발의한 '마을공동체 및 지역사회 혁신 활성화 기본법안' 등이 그것이다.

이 마을공동체 법안들은 공히 3,560여 개 읍·면·동 주민 자치회를 전국적인 네트워크로 엮어 전체주의 시스템을 구축하려는 음흉한 속내를 가지고 있다.

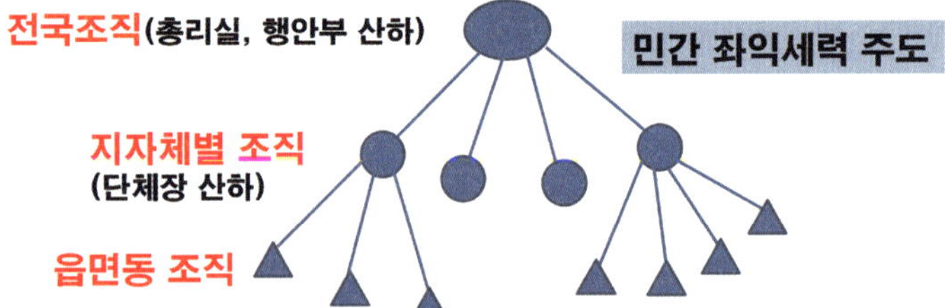

마을공동체 기본법안, 피라미드 형태의 전국조직망 구상

마을공동체 기본법안 3가지 버전은 모두 3,500여 개의 읍·면·동 마을공동체 조직을 하부로 하는 피라미드 형태의 전국조직망을 구상하고 있다. 이 전국조직망은 두 가지 조직형태로 구성되는데, 하나는 '마을공동체 정책을 심의·의결하는 기구'의 전국조직이고, 다른 하나는 '마을공동체 지원센터'의 전국조직이다.

이 두 가지 형태의 전국조직망은 위로는 행안부나 총리실에 컨트롤 센터를 두고 그 아래에 시·도 조직을 두고, 그 아래에 읍·면·동 조직을 두는 구조다. 신기하게도 위에 언급한 세 명의 국회의원이 발의한 법안 내용이 거의 같다. 이는 배후에 있는 동일한 주체가 법안 초안을 만들어주었다는 의미일 것이다.

동일한 주체에서 나온 세 가지 법안

첫째, 이해식 법안을 보자.

▷마을공동체 정책을 심의·의결하는 기구로 행안부 장

관 산하에 '마을공동체 정책위원회'를 두고 그 아래 시·
도별 중간조직으로 '마을공동체 위원회'를 둔다.

▷마을공동체 지원센터는 전국조직으로 '한국 마을공동
체 진흥원'을 두도록 했고, 그 산하에 시·도별 중간조직
으로 '마을공동체 지원센터'를 두는 구조다.

둘째, 서영교 법안을 보자.

▷마을공동체의 정책을 심의·의결하는 기구로 행안부
장관 산하에 '마을공동체 정책위원회'를 두고 그 아래
시·도별 중간조직으로 '마을공동체 혁신 지역위원회'를
두는 구조다.

▷마을공동체 지원센터 조직은 행안부 장관 산하에 '지
역공동체 혁신 종합지원센터'를 두고 그 아래에 시·도별
중간조직으로 '지역 지원기관'을 두도록 했다.

셋째, 진선미 법안이다.

▷마을공동체 정책을 심의·의결하는 기구로 총리실 산

하에 '마을공동체 중앙위원회'를 두고 그 아래에 시·도
별 중간조직으로 '마을공동체 지역위원회'를 둔다.

▷마을공동체 지원센터 조직은 행안부 장관 산하에 '마
을공동체 중앙지원센터'를 두고 그 아래에 시·도별 중간
조직으로 '마을공동체 지역 지원센터'를 둔다.

마을공동체 지원센터는 좌익 마피아 조직

여기서 특히 유념해야 할 것은 마을공동체 지원센터 조직
이다. 이 조직은 겉으로는 공동체를 지원하는 기구로 보
이지만 2021년 9월 서울시 종합감사 결과를 보면 마을공
동체 지원이라는 명분을 가지고 구청·동사무소 등을 감
시·통제하고 이끌어 가는 민간 좌익기구인 것이다.

또한 세 개 법안에 공통적으로 '마을공동체 지원센터'가
업무를 외부 단체에 위탁할 수 있는 근거 조항을 두었
다. 이는 마을공동체 사업을 위해 분배되는 많은 지원금
을 연관 단체들에게도 분배할 수 있게 하는 파이프라인
장치이다. 결국 마을공동체 지원센터 조직망은 지방행

정을 통제해 무력화시키고 좌익단체들에게 권한을 나누고 자금을 분배하는 통로이며, 나쁘게 표현하면 부패의 피라미드를 낳는 좌익 마피아 조직망이라 할 것이다.

주민자치기본법, 주민자치회에 주민 정보수집권한 부여

문재인정부는 정권 초기부터 지방분권을 강조했다. 문 정권과 좌익 마을활동가들이 내세운 건 지방분권·주민자치라는 그럴듯한 이슈였다. 하지만 시간이 가면서 실제로는 그것이 전국 읍·면·동 주민자치회를 컨트롤하는 집권적 통치시스템이라는 것이 드러나기 시작했다.

김영배 더불어민주당 의원이 대표 발의한 주민자치기본법 제10조 제6항에는 각 주민자치회가 소속 주민들에 대한 민감한 개인 신상정보를 수집할 수 있도록 막강한 권한을 부여하고 있다.

"주민자치회는 관계 중앙행정기관(그 소속기관 및 책임운영기관을 포함한다)의 장, 지방자치단체의 장(교육감을 포함한다)에게 이를 다시 설명하면 이렇다. 읍·면·동 주민자치회는 소속 주민들에 대한 개인 신상정보를 수집할 권한을 부여한 것이다. 주민자치회는 읍·면·동 기관임에도 불구하고 정부 기관인 '행정안전부·경찰청·법무부·검찰청·외교부·국세청 등 중앙행정기관은 물론 지방자치단체(교육청까지)들과 그 산하기관장에게까지 소속 주민들에 대한 각종 민감한 정보들을 요청할 수 있다.

이를테면 경찰청 산하 지방경찰청·경찰서·파출소까지, 국세청 산하 지방국세청·세무서까지 요구할 수 있다는 의미다. 교육부〉교육청〉학교는 물론 행안부〉시·도〉시·군·구〉읍·면·동 행정복지센터에 이르기까지. 주민자치회는 그야말로 정부 위에 군림하는 무소불위의 최고의 권력기관인 것이다.

더구나 혐오스러운 것은 주민자치회가 주민들에 대한 정보를 달라고 하면, 요청 받은 기관들은 무조건 주도록 규정한 것이다. 대통령, 국회의원보다 더 강력한 무소불위의 권한을 주민자치회에 부여한 셈이다. 이러한 무소불위의 권한은 주민자치회가 행사하는 것 같지만 실제는 그 배후에 있는 좌익 마을공동체 세력이 행사하는 것이다. 수집된 정보도 배후에 있는 좌익 마을공동체 세력에게 가서 활용될 것이다. 주민자치회는 말단 임무를 수행하는 하부 장치일 뿐이다.

주민정보를 통합관리하는 전체주의적 종합정보관리시스템 구상

주민자치기본법안을 볼 때, 읍·면·동 주민자치회가 수집한 주민들의 민감한 개인신상정보를 어디서 통합 관리하느냐에 대해 깊은 의문이 들었다. 3,500여 개 읍·면·동 주민자치회가 캐비넷 속에 넣고 관리할 수는 없지 않을까. 그런 의문은 다음의 두 개의 법안을 보고서야 풀렸다. 두 개의 법안이란 진선미 민주당 의원이 2021년 1월에 발의한 '마을공동체 기본법안'과 같은 해 11월 서영교 의원이 발의한 '마을공동체 및 지역사회 혁신 활성화 기본법안'이다. 이 두 개의 법안은 모두 행안부 산하에 마을공동체 관련 정보를 수집·관리하는 '마을공동체 종합 정보지원시스템'을 설치, 운영하는 방안을 담고 있다.

전국 읍·면·동에서 수집한 주민들에 대한 신상정보를 관리하는 민간 정보기구는 어떻게 운영될까. 이 기구는 국가정보를 다루는 국정원과는 차원이 다르다. 북한의 국가보위부처럼 국민 개개인을 감시·통제하고 전체주의 체제를 구축하는 주요 수단이 될 수 있다.

겉으로는 주민자치·마을 민주주의로 포장했지만, 실제는 전국 3,500여 개 읍·면·동 주민의 정보와 주민자치회 및 마을공동체 운영 정보 등 일체를 통제, 관리하겠다는 의도가 숨어 있는 것이다.

좌익 마을공화국의 통치 조직망

민주당에서 발의한 법안들은 결국 기존의 지방행정 조직

망과 별도로 좌익 마을공동체 조직망을 만들려는 것이다. 그리고 이 조직망은 행정조직망과 좌익 조직망이라는 이중 구조를 취하고 있다. 하나는 '행안부〉시·도〉시·군·구〉읍·면·동'으로 이어지는 행정조직망이고, 다른 하나는 행정조직망 외곽에 두는 '좌익세력 주도의 민간 조직망'이다. 이 민간 조직망은 마을 좌익세력이 행정조직망을 견제하고 마을공동체 사업을 주도하며 주민을 장악해가기 위한 좌익 마을공화국의 통치 조직망이다.

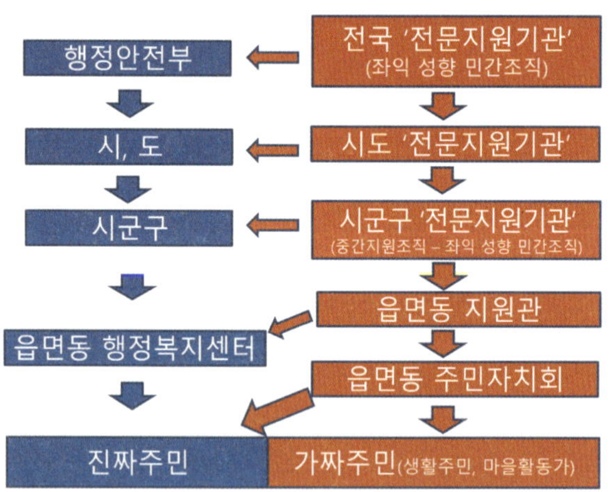

북한에서 대남 적화 공작전략을 수립했던 한 고위 탈북자는 "이것은 남한 적화 현상의 한 단면"이라며 "남한 사람의 머리에서는 절대로 나올 수 없는 것이고, 북한의 대남공작에 의한 것"이라고 단언했다.

중국의 한 행정 전문가도 중국 공산당이 주도하는 지방제도와 매우 유사하다며 놀랍다는 반응을 보였다. 중국 공산당 조직이 모든 국가기관뿐만 아니라 말단 지방 행정조직까지 감시·감독하는 별도의 통제시스템을 두고 있는데, 이와 유사한 형태라는 것이다.

7장 이재명정권의 체제전환전략과 새로운 지방분권정책

01 | 이재명의 체제전환전략과 지방분권정책

이재명이 꿈을 이루는 전략, "꼬리를 잡아 몸통을 흔든다"

이재명 성남시장은 2017년 1월 "이재명, 대한민국 혁명하라"는 자서전을 발간했는데, 2016년 9월 대선후보로 나서기로 한 후 정책 공약 제시 차원에서 만든 것이다. 이 자서전 제4장 '지방자치' 항목("꼬리를 잡아 몸통을 흔든다”)에서 다음과 같은 기술이 있다.

"진정한 변화는 바닥에서 이루어진다. 바닥의 변화가 없는 상층만의 변화는 언제든 흔들리고 뒷걸음질 칠 수 있다. 모래 위의 성, 사상누각 같은 것이다. 그래서 기초를 바꾸고 뿌리를 바꾸는 일에 투자해야 한다."

"모두가 한때는 변방이었다. 예수도, 부처도, 민주주의도, 미국도, 체 게바라도 시작은 변방에서 했고 아웃사이더였고 비주류였다. 나는 변방이 중심이 될 수 있는 세상을 소망하며 … 자치를 통해 민주주의를 몸에 익히고 주민들이 민주공화국의 주인인 주권자로 거듭나게 하는 것이 바로 지방자치다."

이재명 시장은 성남시를 통해 (인민)민주주의 경험과 세력을 키우고 이를 토대로 대한민국을 장악하는 체제 변혁을 꿈꾼 것은 아닐까.

이는 이재명 시장과 그 배후인 경기동부연합(이석기 그룹)만의 생각이 아닐 것이다. 좌익 마을활동가들도 읍·면·동을 장악하고 이를 기반으로 대한민국 전체를 사회주의 체제로 만들려는 의도를 가지고 있을 것이다.

좌익의 bottom-up 혁명 방식

이러한 bottom-up 혁명 방식은 우리나라 좌익세력이 개발한 것이 아니다. 블라디미르 레닌 등 러시아 공산혁명 세력, 모택동 등 중국 공산혁명 세력도 농촌 마을을 장악해 국가를 장악하는 방법을 구사했고, 체 게바라 등 남미 공산 혁명가들도 그 방법을 택했다. 우리나라 1980년대 586 좌익운동권도 농촌 봉사활동(농활)·마을 빈민운동, 중소기업 노조운동 등을 통해 저변 대중의 민심을 장악하기 위해 노력했다.

이재명, 반미 · 반대한민국 사상을 드러낸 혁명세력

이재명은 그의 저서전("이재명, 대한민국 혁명하라")에서 대한민국 건국 이래 70여 년의 역사를 누누이 "적폐의 역사"로 규정했다. 조선공산당이 만든 조선인민공화국을 꿈꾸는 듯한 발언을 하는 등 반대한민국 사상과 역사관을 드러냈다.

그는 이 책에서 "어떤 나라가 되어야 하는가?"라는 질문을 던진 후 이렇게 답했다. "해방 후 우리가 합의했던 민주공화국의 가치가 살아 숨쉬는 나라를 만들자"

"해방 후 우리가 합의했던 민주공화국"이란 무엇을 말하

는가? 아마도 조선공산당 박헌영이 1945년 9.6 만든 조선인민공화국(약칭 인공)을 지칭한 것으로 보인다. 박헌영은 미군 선발대가 9.6 제물포에 도착하자 미군정이 수립될 것임을 간파하고 당일 건준(건국준비위원회)을 대체해 만든 것이 바로 조선인민공화국이다.

이것은 미군 본대가 오기 전에 이미 우리 민족이 세운 정부가 있었다는 명분을 선점하기 위해 졸속으로 만든 좌익단체였다. 인민공화국 산하에는 읍·면·동 별 인민위원회를 두었다. 당시 국민들은 인민공화국과 인민위원회가 해방된 나라의 합법적인 정부로 선전하는 좌익들의 말을 믿는 경우도 많았다. 9.12 수립된 미군정은 "정부를 참칭하지 말라"며 인민공화국과 인민위원회를 강제로 해체했다.

이러한 인민위원회는 6·25전쟁 발발 직후 김일성에 의해 다시 부활되었다. 김일성은 서울을 점령(6.28)한 후 방송으로 인민위원회를 복구를 명령했기 때문이다. 마을 내 좌익부역자들은 인민위원회에 가담하여 북한군 앞잡이로서 마을 내 우익인사들을 학살하는데 앞장섰다.

이재명은 어떤 노선을 가지고 있나?

이재명은 그의 자서전이나 각종 발언들에 따르면, 대한민국의 건국을 부정하고 대한민국 전체 역사를 '적폐의 역사'로 보며, 이를 대청산하고 대전환하고 진짜 대한민국으로 교체해야 한다는 체제 변혁적 혁명인식을 가지고 있다. 그는 민중(인민)민주주의, 마르크스-레닌 프레임(부르주아-프롤레타리아계급), 네오막시즘 등이 그의 국가관·정치관·역사관 등의 토대를 이루고 있으며, 자유민주주의에 대해 형식적, 과도적 민주주의(공산·사회주의가 실질적 민주주의 의미)로 보는 등 반자유민주주의 사상관을 가지고 있다. 그는 반미, 반대한민국 역사관이 뿌리 깊으며, 친북좌익역사관을 보유하고 있다.

실제 그는 그러한 강한 사상관, 역사관을 가진 경기동부연합 등 종북 좌익세력과 오랫동안 원팀을 구성해 행보를 같이 해왔다.

02 | 이재명과 경기동부연합의 운명공동체

이재명과 경기동부연합의 인연

이재명이 이석기의 경기동부연합과 관계를 맺은 것은 오래되었지만[1] 정치적 운명공동체가 된 것은 2010년 6월 성남시장에 출마하면서부터였다. 당시 민노당 후보였던 김미희는 경기동부연합 소속으로 성남에서 강력한 지지 기반을 갖고 있었으나, 민주당-민노당 야권연대 전략에 따라 후보를 사퇴하고 이재명을 지지했다. 민주당과 민노당의 야권 후보 단일화는 2012년 총선·대선에서만이 아니라, 이미 2010년 지방선거에서 실험적으로 이루어진 전례가 있었던 셈이다.

지방선거 당시, 오랜 기간 성남을 텃밭으로 가꿔 온 경기동부연합(이석기 중심)이 신출내기였던 이재명 민주당 후보에게 시장 후보직을 양보한 것은 상호 윈윈(win-

---

1) 이재명은 이미 1990년대 초 한총련 산하 용인·성남 지역 조직인 용인성남지역대학총학생회연합(용성총련)의 변호사로 활동했다. 2003년에는 이석기 경기동부연합이 주도한 성남시립병원 설립추진위원회의 공동대표를 맡기도 했다. 이 정도로 이재명과 경기동부연합은 오랜 인연을 가지고 있었다.

win)전략이었다. 이재명 후보는 무명이었고, 김미희 후보(경기동부연합)는 소속 정당이 민노당이라는 한계가 있었다. 따라서 민주당 후보를 전면에 세우고, 경기동부연합이 실리를 확보하는 방식의 윈윈전략을 택한 것이다.

이재명 성남시장 후보, 경기동부연합 연대

2010년 5월 〈민중의소리〉는 민주노동당 후보로 경기도의원 선거에 출마한 김미희 후보 인터뷰를 소개했다. 〈민중의소리〉는 기사와 함께 '이재명 후보로 성남시장 야권 단일화 실현한 후 함께 유세를 펼치는 김미희 후보'라는 설명과 함께 해당 사진을 공개했다.

경기동부연합에 보쌈당한 이재명 성남시장

이재명이 이러한 야권연대를 수용한 것은 경기동부연합 이석기 세력의 요구를 사전에 수용했다는 전제가 깔려 있다는 해석이 있다. 2012년 4월 총선 때도 민주당

(민주통합당)과 통진당(통합진보당) 간 야권연대가 이루어졌는데, 그 과정에서 서로 정책적 담보를 주고받는 밀약이 있었을 가능성을 배제할 수 없다. 북한의 공작기관에서 왕재산 간첩단에 내린 지령문들 가운데 통합진보정당이 민주당과 야권연대를 하면서 정책적 담보도 받아내라는 내용이 있기 때문이다.

이재명이 경기동부연합으로부터 큰 양보를 받은 만큼 상응하는 보답을 하지 않을 수 없었을 것이라는 지적이 제기되어 왔다. 경기동부연합 같은 세력이 아무런 대가 없이 지원했을 리 없다는 것이다. 이 과정은 성남시를 통진당·경기동부연합 이석기 세력이 사실상 영향력 아래 둔 것으로 비쳐지는 결과로 이어졌다.

그 징표의 하나가 성남시장직 인수위원회에 경기동부연합 인사들이 다수 포진한 점이다. 특히 김미희가 인수위원장을 맡았다는 사실은, 향후 성남시 운영에 필요한 인물 배치의 주도권 일부가 이석기 그룹에 넘어간 것처럼 보이게 했다. 이 때문에 "이재명이 경기동부연합에 보쌈

당했다"는 평가가 나왔다.

성남시장 당선 후 경기동부연합과 공동정부 구성

경기동부연합과의 야권연대로 당선된 이재명은 공동정부 개념으로 김미희를 인수위원장에, 한용진·이용대를 인수위원, 윤원석을 인수위 대변인, 박주현을 인수위 자문위원으로 임명하는 등, 공동 지방정부에 가까운 인선 구조를 갖췄다.

지금 이재명 정권에서 가장 핵심 실세로 역할을 하고 있는 김현지 부속실장도 당시 인수위원회의 핵심인 간사를 맡았다. 김현지는 1998년 성남시민모임부터 이재명과 함께했고 경기동부연합과의 연결고리 역할을 했는데, 아직도 그의 출신과 학교 등 일체의 신원 사항이 밝혀지지 않는 것은 이해할 수 없는 일이다. 분명히 그의 신원 사항이 밝혀져야 할 것이다.

이렇듯 이재명 시장과 경기동부연합은 성남시정을 공동통치하는 관계로 발전했다. 이를테면 두 세력은 끊을 수 없는 정치적 운명공동체로 진화한 것이다.

이석기 경기동부연합의 실체가 드러난 RO사건

이석기 경기동부연합은 김일성의 지령에 따라 만들어진 민혁당(민족민주혁명당) 기반으로 만들어진 성남·용인 중심의 지하혁명조직이며, 2006년 일심회 사건, 2011년 8월 적발된 왕재산 간첩단 등과 직·간접으로 연결된 진성 종북세력이다.

이석기 경기동부연합은 이석기가 주도하는 지하혁명조직(RO : Revolutionary Organization)의 중심을 이루었다. 이석기의 RO조직은 2013.8 국정원에 적발되었는데, 이들은 북한이 남침할 때 내응(호응)해서 혜화동 전신전화국 폭파, 평택 유류창고 폭파, 인명 살상 등을 모의하다 내부 고발자에 의해 그 실체가 드러났다. 이로 인해 이석기는 9년 형을 선고받았다. 이 여파로 통합진보당은 2014년 12월 헌법재판소에 의해 위헌정당으로 해산까지 당했다.

이석기의 RO(지하혁명조직)는 3대 행동강령을 두었는데, '주체사상을 지도이념으로 남한 사회의 변혁 운동을 전개한다', '남한 사회의 자주·민주·통일을 실현한다', '주체사상을 연구하고 전파 보급한다'이다. 이는 대한민국을 전복하기 위한 혁명조직임을 잘 보여주는 근거이다.

경기동부연합, 이재명과 함께 부활, 더불어민주당으로

이석기 경기동부연합은 이석기 RO 사건으로 큰 시련을 당했다. 수뇌인 이석기 의원은 내란선동 혐의로 구속되었고(8년간) 통합진보당마저 위헌정당으로 해산당하는 위기를 맞았다. 그러나 성남시장과의 연대의 힘으로 오히려 전국적인 세력을 넓힐 수 있었다.

이들은 민노총으로 들어가 민노총을 장악했으며, 문재인 정권기를 활용해 민중당〉진보당으로 다시 부활했다. 나아가 이재명이 더불어민주당 대선 후보로 출마하면서 더불어민주당 속으로 대거 진입하기 시작했다. 이낙연 민주당은 대선 승리를 위해 이들을 받아들였지만, 막상당에 들어오자 이낙연 세력을 공개적으로 압박하며 대선판을 주도했다.

그때부터 기존 민주당 세력은 두려움의 눈으로 이재명 세력을 바라보기 시작했다. 민주당 게시판에는 "이번 경선 결과에 따라 민주당을 지킬 수 있을지, 저 '미친 통진당 세력'에게 통째로 (민주당 둥지를) 빼앗길지 결정될 것으로 보이는구려"와 같은 글이 속속 올라왔다. 이러한 정통 민주당 세력의 우려는 곧 현실로 나타났다.

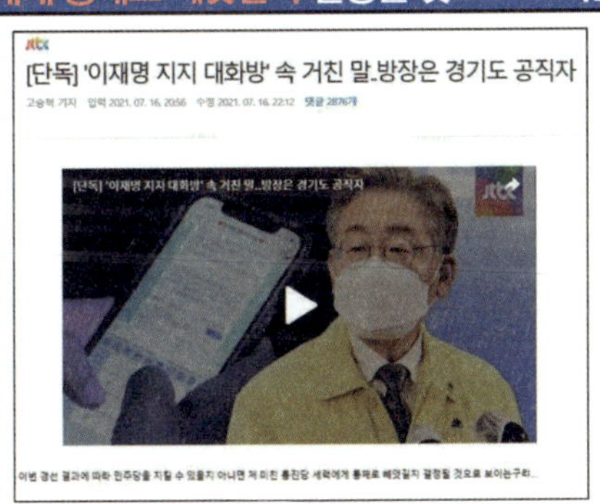

이낙연 등 정통 민주당 세력은 새로 들어온 친명세력에게 사실상 배제되다시피 했고, 2024년 총선을 앞두고 자신들이 만든 민주당 둥지를 빼앗기고 쫓겨나는 상황을 겪었다. 더불어민주당은 종북 좌익 운동권 정당에 가까운 성격으로 변질되었다는 비판을 피하기 어렵게 되었다.

종북좌익세력의 남의 둥지 빼앗기, 저들의 오랜 세력확장 수법

통진당 세력의 민주당 '둥지 빼앗기' 성공은 우연이 아니었다. 이는 공산주의 정치세력이 일당 독재로 수렴해가는 전형적 방식과 닮아 있다.

우리나라 사례로는 종북세력이 민주노동당(민노당)을 장악한 사건을 들 수 있다. 민노당은 2000년 PD파(노회찬, 심상정)가 중심이 되어 만든 정당이다. 종북세력은 북한의 지령(2001.3)에 따라 충북 괴산군 보람원수련원에 모여 "군자산의 약속"(2001.9)이라는 회합을 하고 여기서 민노당 진입을 결의했다. 이들이 결의한 내용은 ▷민노당으로 진입해 3년 내 당권을 장악하고, ▷10년내 정권을 잡겠으며, ▷정권 잡은 후 북한과 연방제 적화통일을 이루겠다는 3가지였다.

이 결의에 따라 종북세력은 2001년 12월부터 본격적으로 민노당 내부로 진입해갔다. 이들은 계획대로 3년 만인 2004년 당권을 장악했고, 2006년 초에는 북한의 지원 공작에 따라 이석기 경기동부연합이 당권을 차지했다(일심회 간첩 사건 지령).

민노당을 만들었던 PD파는 결국 자신들이 만든 민노당 '둥지'를 빼앗기고 2008년 3월 민노당에서 쫓겨나 진보신당을 만들었고, 뒤에는 정의당으로 개칭했으나 세력이 점점 위축됐다. 종북세력이 민노당 둥지를 빼앗은 사건은 종북세력이 더불어민주당의 둥지를 빼앗아 호남 중심 정통 민주당 세력을 밀어낸 수법과 같다.

종북세력의 '남의 둥지 빼앗기'는 흔히 뻐꾸기 전법으로 비유된다. 개개비 둥지에 알을 낳고, 깨어난 뻐꾸기가 개개비 새끼를 밀어내 둥지를 독차지하는 것과 유사하기 때문이다.

통진당 세력은 정당의 둥지뿐 아니라 민주노총의 둥지도 빼앗았다. 원래 민주노총은 1995년 공기업 노조·대기업 노조가 중심이 된 이른바 '귀족 노조' 성격이 강했다. 그런데 해산된 통진당 세력은 문재인 정권기를 활용해 민주노총 장악에 착수했고, 그동안 민주노총 내에 비중이 작았던 중소기업 노조, 택배·마트 등 비정규직 업종 노조를 대거 흡수했다. 그 결과 박근혜 정부 말 50여만 명 수준이던 민주노총 조합원 수는 문재인 정권기 120만 명에 이르렀다.

이석기 경기동부연합의 후배 양경수는 비정규직 노조 세력을 기반으로 하여 2020년 12월 단독으로 민주노총 위원장직을 차지했다. 2023년 11월에는 재선에 성공했다. 그는 재선 후 첫 일성으로 "윤석열 퇴진"을 주장했다. 민주노총은 과거보다 훨씬 강경하고 위험한 정치 행위의 플랫폼으로 변모했다. 민주노총 관련 간첩 사건도 발생했다.

0 전북 고창 출신(1976생)

0 한국외대 **용인캠퍼스** 학생회장

0 한총련 대의원

0 **경기동부연합**

0 **이석기석방 경기공동행동** 대표

0 양경수 위원장은 2021.10 '**사회 대전환**' 주장 (**대한민국 뒤집기 한판**)
* 민노총 구상(대한민국 체제의 근간 변혁구상) : '기간산업과 주택 50% 국유화, … 한미 동맹 파기(주한미군 철수), 국가보안법 철폐…'

둥지를 빼앗긴 기존의 대기업 노조들은 민주노총을 탈퇴하는 러시가 일어나고 있다. 포스코 노조, 현대제철 노조, 서울지하철 노조는 물론 민주노총의 주력이었던 현대자동차까지 탈퇴를 검토하기에 이르렀다. 민주노총이 노동자의 이익을 위하기보다 기업을 훼손하고 대한민국 체제를 약화시키는 방향으로 기능이 변질되었다는 비판 때문이다.

전대협 몰아낸 한총련 주도 친명일극체제의 더불어민주당

친명 세력은 더불어민주당에 들어온 후 기존의 강력한 친문 세력마저 제압하고 주도권을 장악했다. 지난 2024년 총선 공천 과정에서 당권파인 친명 세력은 비당권파인 친문 세력을 대폭 배제하고 일방적으로 국회의원 공천권을 행사했다. 이로써 선배들인 1980년대 운동권인 전대협 출신을 밀어내고, 1990년대 한총련·경기동부연합 등 친명 세력이 주도하는 정당으로 사실상 탈바꿈했다.

임종석·이인영·우상호 등 문재인 정권을 주도했던 전대협 출신 핵심 인사들도 기세등등한 친명 세력에 사실상 굴복할 수밖에 없었다. 친명에 조금이라도 저항하는 모습이 보이면, 당 외곽의 '개딸'·더민주전국혁신회의 등 친명 세력이 거침없이 공세를 가해 후퇴를 강요했기 때문이다.

친명 핵심 조직인 '더민주 전국혁신회의'가 공천을 주도해 50명이 공천을 받고 이 중 31명이 당선되었다. 이재명 체제의 완성이다. 이렇게 더불어민주당은 친명 일색 정당으로 굳어진 것이다.

친명일색화의 근원, 강력한 친명팬덤 당원의 유입

더불어민주당이 '친명 일색화' 정당으로 변모한 배경에는 친명 팬덤 세력의 대거 유입이 있다. 특히 대선 과정에서 '개딸' 성향의 당원들이 대거 입당했고, 대표 선출 이후에도 증가세가 이어져 약 100만 명이 입당한 것으로 알려졌다. 개딸 세력 20여만 명과 이를 지지하는 100만 명 이상의 대규모 친명 당원이 합세하면서 당의 정체성이 급격히 변했다.

매월 일정 금액의 당비를 내는 당원을 진보당은 책임당원, 민주당은 권리당원이라 부른다. 지금 진보당의 책임당원 수는 10여만 명(과거 통진당은 2012년 기준 4만 5천 명) 수준으로 알려져 있다. 반면 민주당 권리당원 수는 2008년에는 2만 3,233명에 불과했는데, 2023년 6월 245만 명으로 15년 만에 106배나 증가했다(국민의힘은

약 70만 명 수준).

일반 당원까지 포함한 더불어민주당 총당원 수는 약 500만 명으로 추정된다. 인구 5,200만 명 중 500만 명이면 약 9.6%로, 세계 최고 수준의 비율로 평가된다. 유럽 자유민주주의 국가 정당의 당원 비율이 대체로 전체 인구의 2~3%에 머무는 점과 비교하면 이례적으로 높은 수치다. 중국의 경우 인구 14억 중 공산당원 수가 9,804만 명(약 6.9%)인 점을 감안하면, 민주당 당원 비율이 이를 상회한다는 분석도 있다. 더욱이 광주, 전남, 전북 등 호남의 더불어민주당 당원비율은 주민 총수의 45~50%에 이른다고 한다. 전 세계에서 전무후무한 불가사의한 일이다.

급증한 민주당 권리당원 중 47.2%(115만 8,423명)가 이재명 대표가 대선 후보로 부상한 2021년 이후 입당했다. 특히 이재명이 당 대표가 된 2022년 이후에는 증가세가 가팔라져 2023년 6월까지 100여만 명 이상이 늘었다. 이는 민주당의 친명 일색화를 설명하는 가장 직접적인 지표다.

그렇다면 이재명 대표 체제에서 폭발적으로 입당한 사람들은 누구인가. 핵심은 개딸 성향의 이재명 팬덤 세력이다. 당직자들조차 "DNA 절반이 바뀐 '이재명의 민주당'"이라고 표현할 정도다. 이 팬덤세력 중 가장 강성 행동파는 '개딸'인데, 그 규모는 20만 명을 넘는다는 관측이 나온다. 이들은 지난 총선 과정에서 친명 세력에 도전하는 비명계를 집중공격해 조기 제압했다.

민주당 비명계 대권 잠룡으로 평가되는 김두관 전 행정자치부 장관도 2025년 3월 11일 자유일보 인터뷰에서 "현재 민주당은 '개딸'들이 당을 장악했다고 해도 과언이 아니다"라고 말했다.

이렇듯 더불어민주당은 세계 최고 수준의 당원 규모와 강성 팬덤 당원을 보유하고 있다. 이재명 대표는 한 당원 행사에서 "당원을 두 배로 늘리고 당원의 권한을 두 배로 늘려, 당원 중심의 정당을 통해 국민이 주인인 나라를 만들자"고 밝혔다. 이는 더불어민주당 당원에게 실질적 주권 행사를 강조하는 구상으로 읽힌다.

다만 특정 정당의 과도한 당원 중심 통치가 국가 운영 전반에 영향을 미칠 수 있다는 우려도 존재한다. 공산국가에서 당 조직이 군·행정부·사법부는 물론 지방 말단기관까지 촘촘히 감시·통제하는 사례를 떠올리면, 당원 권한의 급격한 확대는 곧 일당 지배 구조로의 변형으로 비칠 소지가 있다. 이재명 정권은 '국민주권 정부' '국민주권 시대'로 명명하는데, 팬덤세력에게 힘을 실어주는 정치를 하겠다는 의미로 이해될 수 있다. 국민들이 예리한 통찰력으로 이러한 팬덤 전체주의 정치로 기울 가능성을 경계해야 할 것이다.

03 | 이재명 정권의 지방분권정책이 위험한 결정적 이유

국민을 둘로 나누는 이재명과 더불어민주당

앞에서 설명했듯이, 이재명 정권은 자유민주주의 우익세력을 윤석열 대통령과 함께 묶어 내란세력으로 숙청하려고 한다. 이러한 행태는 그의 사상적 관념에서 나온다. 이재명은 국민을 둘로 나누는 관념을 일관되게 사용해 왔다. 지난 총선 때도 국민을 '국민세력'과 '반국민세력'으로 구분한 바 있다. 국민세력과 반국민세력의 기준은 결국 이재명에 대한 지지 여부—즉 이재명을 지지하는 좌익 국민과 지지하지 않는 우익 국민—로 구분한 것으로 볼 수 있다. 과거 이재명이 2017년 쓴 자서전에서 대한민국 역사 전체를 '적폐의 역사'로 본 것처럼, 그가 누누이 말한 '적폐청산'의 실제 대상 역시 대한민국세력, 우익세력으로 귀결된다는 점을 시사한다. 이를 '반국민세력'으로 호칭한 셈이다.

문재인 전 대통령 역시 국민을 둘로 나누는 관념을 가지고 있었다. 하나는 '촛불 국민', 다른 하나는 '보수 국민'이었다. 그는 2019년 "지난 2년 동안 촛불 민심만 생각했다"고 말했고, 자신의 정권을 '촛불정권'이라 소개하기도 했다. 또한 "보수세력은 불태워야 한다"고 말한 것으로 알려져 논란이 일기도 했다. 여기서는 자신을 지지하는 좌익 국민은 '촛불 국민'으로 우대하고 자신을 반대하는 보수 국민은 '적폐'로 폄훼하는 구도가 형성된 것이다.

국민을 둘로 나누는 이 같은 프레임은 어디에서 나온 것인가? 마르크스-레닌-스탈린-마오쩌둥-김일성 등 공산주의 사상의 이분법에서 그 근원을 찾을 수 있다. 하나는 프롤레타리아 계급, 다른 하나는 숙청 대상으로 규정된 부르주아 계급이라는 도식 말이다.

이러한 문재인 정권과 이재명 정권의 머릿속에 담긴 프레임은 과거 공산국가에서 행한 반동분자 숙청을 한 프레임이며, 6·25전쟁 때 수많은 학살의 악행을 저질렀던 이유이기도 했다.

지금 다시 체제전쟁이 일어나고 있고, 다시 마을로 가는 체제전쟁이 일어나고 있다. 이런 상황에서 대통령이 나서 국민들을 둘로 나누고 특히 내란 프레임으로 우익국민들을 궁지로 몰고 박해하는 것은 결코 좋은 조짐이 아니다. 정치지도자가 국민을 통합해야지 분열과 갈등을 자극하는 것은 좋지 않다. 마을에서 좌익 주민이 우익

주민들을 탄압하다 마을전쟁으로 비화될 수 있기 때문
이다.

국민을 하나로 묶어야지, 좌-우 사상으로 국민들을 둘로
나누고 한쪽은 우대하고 다른 한쪽은 박해하는 공산주
의, 사회주의 사상이 얼마나 위험한지는 공산주의 70년
역사가 말해주고 있다.

04 | 이재명 정권, 마을공동체 활동가들의 요구 수용

지방 마을활동가세력의 거센 입법화 요구들

지방으로 세력을 넓히던 마을 좌익세력이 마을공동체들
을 기반으로 전국적인 조직화에 본격 나선 것은 문재인
정권이 등장하면서부터이다. 이들은 조직화를 통해 법제
화(지방자치법 개정안, 주민자치기본법안, 마을공동체 활성화 기본
법안 등)를 요구하기 시작했다. '직접민주주의 마을공화국
전국민회'(약칭 전국민회), '주민자치법제화 전국네트워크'
와 '전국풀뿌리자치행동 네트워크' 등 많은 전국 마을공
동체 활동단체들과 그 참여단체들이 그것이다.

전국민회, 마을공화국 기반 대한민국 및 세계 적화 꿈꾸다

전국민회(직접민주주의 마을공화국 전국민회)라는 단체는 상당히 규모가 큰 단체인데, 그들이 꿈꾸는 비전을 살펴보자.

"▷3,560여 개 읍·면·동을 마을공화국으로 만든다. ▷이를 기반으로 시·도별 지역정당을 만든다. 이 지역정당을 연합하여 전국정당(지역당연합)을 만든다. ▷대한민국 전체를 마을연방 민주공화국으로 만든다. ▷이 마을공화국 모델을 전 세계에 수출하여 세계를 '마을공화국 지구연방'으로 만든다"는 야무진 꿈이다. 말하자면 촛불민주주의 혁명정신을 가진 마을공동체를 기반으로 대한민국을 적화하고 세계까지 적화하겠다는 꿈이다.

그들의 주장이 허튼 꿈이라고 속단하면 안 된다. 주장의 현실성을 논외로 하고 이들이 마을공동체 활동세력을 중심으로 한 전국적 조직력을 강화해가고 있기 때문이다. 이미 전북지역당이 만들어졌고, 영등포당 등 여러 시군구 정당도 만들어진 바 있다.

기존의 정당들 즉 더불어민주당, 진보당, 조국혁신당 등도 장차 이들과 연대할 가능성이 상당하다. 전국민회도 지역당연합이라는 전국정당을 지향하지만, "새로운 진보정당운동과 진보대통합" 등을 주장하는 것을 보면 다른 좌익정당들과 연대연합을 염두에 두고 있기 때문이다. 2024년 총선 당시 '지역당 연합'이 초기 야권연대안에 포함됐던 사실에서도 알 수 있다.

이들이 더불어민주당 등과 연대 연합할 경우, 그들의 꿈이 꿈으로 끝나지 않을 수 있는 것이다. 2012년 이석기 통진당이 문재인 민주통합당과 연대하여 대권을 잡을 뻔한 사실을 염두에 둘 필요가 있다.

더불어민주당, 마을공동체 활동가들의 요구를 수용하다

더불어민주당은 이미 이러한 마을공화국 단체들의 요구를 수용하는 노선으로 가고 있다. 주민자치회 전국 실시를 위한 지방자치법 개정안 통과 의지를 보이고 있고, 나아가 "전국 마을공동체 네트워크" 등 전국 마을공동체 활동단체들의 요구에 따라 주민자치기본법 내용을 상당히 수용한 마을공동체혁신기본법안(이른바 마을기본법)을 통과할 준비를 하고 있다.

문재인 정권도 마을활동가 세력을 우군화하기 위해 많은 노력을 했다. 주민자치회 법제화에 노력도 했고, 마을경제공동체, 마을교육공동체, 자치경찰제 등 좌익 마을시스템을 완전히 구축하기 위한 법제화와 정책을 끊임없이 추진했었다.

특히 이재명 정권은 그간 미비했던 읍·면·동 마을자치시스템을 법제화하는 한편 그 상위에 있는 지방자치제도

(17개 시·도-228개 시·군·구) 자체를 좌익형으로 만들기 위한 법제화 작업도 추진 중이다. 대표적인 예가 지방의회법안이다. 마을활동가 세력을 지방자치단체 안으로 끌어들여 지역 연합정치를 도모하려는 데까지 이르고 있다.

이들은 마을공동체 3법('마을공동체 활성화기본법', '주민자치기본법', '사회적경제기본법〈사회연대경제 기본법〉')의 법제화를 지속 요구하고 있다.

1〉 주민자치회 전국 실시를 위한 지방자치법 개정안 발의

'전국 마을공동체 네트워크' 등 마을공동체 활동단체들은 지방자치법 개정을 통해 읍·면·동 주민자치회를 전국적 설치가 가능하도록 근거조항을 삽입해 줄것을 강력히 요구하고 있다.

현재는 박근혜 정부 때 만든 지방자치법(주민자치회 시범실시 조항)으로 인해 전국 실시를 하지 못하고, 일부 읍·면·동만 실시하고 있는 실정이다. 주민자치회 설치 숫자는 현재 3,560여 개 읍·면·동 중 1,411개이다.

이재명 정권과 더불어민주당은 2026년 지방선거를 앞두고 마을공동체단체들의 강력한 요청을 받아들여 지방자치법 개정안(전현희 의원 대표발의)을 발의하였다. 이 법안이 통과되는 순간 3,560여 개 전국 읍·면·동에 좌익형 주민자치회가 일시에 전면 설치되는 것이다.

주민자치회 전국 실시, 무슨 문제가 우려되나?

현재 1,411개의 읍·면·동에서만 주민자치회가 실시되고 있는데, 지방자치법을 개정해 3,560여 개 읍·면·동에서 좌익형 주민자치회가 전면 실시된다면 어떤 문제가 발생하는가?

문제가 발생하는 근본적 이유는 주민자치회 실시를 요구하는 마을공동체 활동가와 그 단체들의 사상적 성향 때문이다. 이들은 오랫동안 주민자치회, 마을공동체 활동을 통해 대한민국 하부를 장악함으로써 대한민국의 자유민주주의 체제를 허물고 사회주의 체제로 만들려고 끊임없이 노력해 왔다.

이들의 규모도 크고 세력도 확장되고 있는데, 2022년 대선 당시 전북의 마을활동가 15,000여 명이 이재명 후보 지지 선언을 한 것만 봐도 전국적 규모를 짐작할 수 있다. 더욱이 주민자치회가 전국적으로 실시된다면 일시에 전국적 세력으로 확장된 것이다.

3,560여 개 읍·면·동 주민자치회 마다 평균 30~50여 명의 자치위원이 있는데, 그들만 해도 10만명이 훌쩍 넘는다. 주민자치회 별로 4~5개의 분과도 있는데, 분과별로 20~50여 명의 회원들이 있다. 더욱이 주민자치회는 읍·면·동 사무소(행정복지센터) 산하의 통장, 이장, 반장 등을 자파세력으로 점점 심어갈 가능성도 있다. 전국의 이·통장의 규모도 10만명이 넘는다. 그 아래 반장은 더 많다. 이렇게 볼 때, 전국 주민자치회를 장악한 좌익 마을활동가세력이 좌익정당과 연계하여 엄청난 영향력을 행사할 것이다.

그래서, 국민의힘 등 우익진영이 지방선거를 앞두고 주민자치회 전면 실시를 심각하게 우려하고 경계하는 것이다. 국민의힘은 지역 조직은 254개 당원협의회뿐이다. 그런데 더불어민주당 조직세는 상상 이상이다. 254개 지역위원회 (그들은 이를 지구당, 지역당이라고도 부른다)도 강력하지만 이를 뒷받침하는 좌익성향 마을조직들도 많다. 게다가 00향후 회 등 자발적인 지지 단체들도 있다. 이런 상황인데 정부와 자치단체의 지원을 받는 말단 좌익형 공권력 단체가 3,560 여 개나 만들어지니 충격을 받지 않을 수 없는 것이다.

더욱이 3,560여 개의 주민자치회는 시·군·구 지방의회에 서 조례로 만드는데, 더불어민주당이 다수인 지방의회 의 경우 상당히 위험한 내용도 포함할 수 있다.

특히나 더불어민주당이 곧 지방의회법안을 통과시키려 하고 있는데, 이것이 통과될 경우, 더 무서운 조례를 만 들 위험성이 있다. 마을 좌익세력이 지방의회를 장악하 고 주민자치회, 마을공동체 등을 지원하는 등으로 상생 의 지방권력 마피아 집단이 될 가능성이 높다.

주민자치회 전면 실시로 중국의 영향력 전국화 우려

주민자치회의 가장 독소조항은 과거의 주민자치위원회

와 달리 그 읍·면·동에 주소가 없는 가짜주민들도 주민의 자격을 가지고 활동할 수 있다는 점인데, 그 중에서도 가장 걱정스러운 부분은 중국조선족, 중국인 등 외국인이 주민의 자격을 갖는데 있다.

특히 이재명 정권에 와서 중국인의 무비자 입국, 중국인의 불법행위, 간첩행위, 대한민국에서 댓글 등 정치선전 선동 행위 등이 문제가 되고 있다. 앞으로 중국인의 국내 거주가 점점 증가하면서 3,560여 개 읍·면·동 주민자치회에서 중국인이 주민자치회장을 맡고, 차이나타운 설치, 친중행사 개최 등으로 마을마다 한중갈등이 심각하게 벌어질 수도 있다.

대한민국 하부가 '민노총 공화국'으로 변질 될 가능성

수민자지회가 전면 실시될 경우, 읍·면·동에 소재하는 기관, 사업체의 모든 구성원들이 해당 읍·면·동 주민으로 활동할 수 있다. 이에 따라 민노총 읍·면·동 조직이 만들어질 수 있고, 주민자치회 전체를 좌지우지할 가능성도 있다.

민노총은 회원수가 120여만 명이고 한 읍·면·동에만 조직이 있는 것이 아니고 전국적인 조직을 가지고 있다. 대기업, 중소기업, 공기업, 정부기관, 대형병원, 학교 등 기관, 사업체와 연결되지 않은 곳이 거의 없다. 그래서 민노총이 대한민국 상부와 하부 전체를 장악하는 민노총 공화국을 우려하는 것이다.

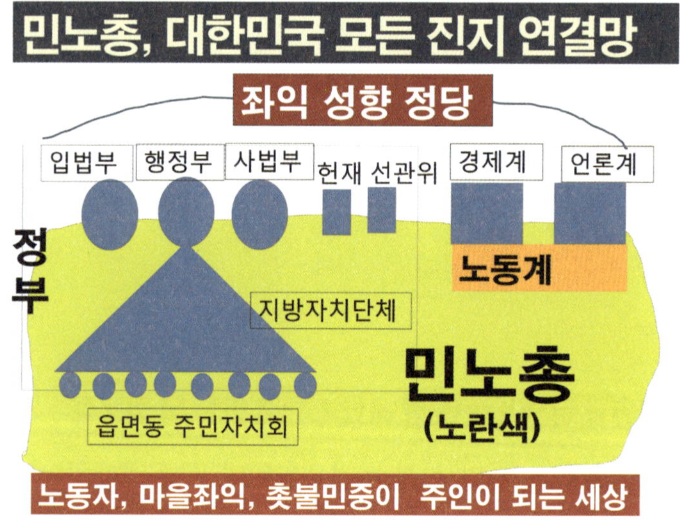

2〉 민주당 등, 다시 마을공동체 기본법안 발의

더불어민주당은 마을활동가들과 동지적 인식을 가지고

중시해왔다. 그래서 마을활동가들이 요구하는 것을 수용하려는 태도를 가지고 있다. 마을활동가들이 가장 원하는 법안은 '마을공동체 활성화 기본법안'이다. 이것은 마을공동체 활동가들이 지방 마을에서 권한과 이익을 얻을 수 있기 때문일 것이다.

문재인 정부 때 더불어민주당은 마을활동가들의 요구에 따라 3개의 유사 마을공동체 기본법안을 발의했으나 실행되지 못했다. 더불어민주당은 2024 4월 총선 이후 다시 '마을공동체 활성화 기본법안' 이름으로 재발의하였다.(더불어민주당 박정현 의원 등 31명이 2025.2.27 발의).

새로 발의된 마을공동체 기본법안의 주요 내용은 다음과 같다.

첫째, 마을공동체 정책 심의 업무를 담당하는 조직망으로서, 중앙에는 마을 공동체 중앙위원회(행정안전부 장관 소속), 중간조직으로 마을공동체 지역위원회(시장·군수·구청장 및 시·도지사 소속)를 두고 있다.

둘째, 마을공동체를 지원하기 위한 지원기관으로서, 중

앙에는 마을공동체 중앙지원기관, 중간조직으로서 시·
도, 시·군·구 별 마을공동체 지역지원기관을 두도록 했
다. 지역지원기관의 운영을 관련 기관 또는 단체에 위탁
할 수 있도록 했다.

셋째, 행정안전부 장관은 마을공동체에 관한 기본적인
사항, 마을공동체 지원사업, 마을공동체 전문인력, 마을
공동체 관련 통계자료의 구축 등 마을공동체 활성화를
위하여 필요한 정보를 종합적으로 관리하기 위하여 '종
합정보 시스템'을 구축·운영할 수 있도록 했다. 앞에서
설명한바 있는 마을통치를 위한 정보기관인 것이다.

넷째, 마을공동체가 필요로 하는 경우 국유·공유재산을 수
의계약으로 사용·수익 또는 대부할 수 있도록 했다. 마을공
동체가 유휴 또는 저활용된 국유·공유재산을 사용·수익 또
는 대부하려는 경우에는, 다른 법률에 따른 경우나 그 밖의
특별한 경우를 제외하고는 다른 사용·수익 또는 대부 신청
인에 우선한다고 규정했다. 주민자치기본법안에 있는 부
동산 활동 사업을 할 수 있도록 근거를 삽입한 것이다.

공공기관도 아닌 마을공동체 민간단체들이 정부와 자치
단체가 가진 국유·공유재산을 수의계약으로 활용할 수
있다는 것은 말도 안 되는 일이고, 좌파 마을공동체에서
어떤 부패상이 나타날지 불보듯 뻔하다.

3) 지방의회법안, 자유민주주의체제 지방자치제 사망 선고?

지방의회법안은 이해식 더불어민주당 의원이 2024년 6
월12일 대표 발의한 법안이다. 더불어민주당 지방의원들
이 적극 나서서 지방선거 전 통과시키려 노력하고 있다.

이 법안을 발의한 이유로는 "지방의회는 주민의 대의기관"이라며 자치분권, 지방의회의 독립성 강화, 지방자치와 민주주의 발전 등을 명분으로 내세우고 있다. 실제로는 숨은 다른 목적이 있는 것으로 보인다.

지방의회법안, 좌익세력의 이권 카르텔로 변모 가능

우리나라는 국가통치체제가 대통령제이듯, 지방자치제도도 도지사, 시장, 군수, 구청장 등 단체장 중심체제로 운영되고 있다.

그런데, 더불어민주당 지방의원들은 기존의 단체장 중심 체제에서 지방의회 중심체제로 전환을 하려는 것이다. 말하자면 지방의회의 조직과 권한을 대폭 강화하겠다는 의도다. 이러한 지방의회 중심체제로 전환할 경우, 어떤 문제가 있을까? 우려되는 점을 몇 가지 분석해 보기로 한다.

첫째, 2024년 총선을 통해 더불어민주당이 다수의 국회 의석을 차지하자 강력한 국회 권력을 무기로 윤석열 정부를 공격, 탄핵을 성공시킨 바 있다. 이처럼 지방의회도 강화된 입법권, 예산권 등을 무기로 우익 단체장을 공격, 지방행정을 마비시킬 수도 있다.

사무국 직원의 인사교류제도, 악용될 소지 클 듯

둘째, 지방의회의 사무를 담당하는 사무국 직원들(지방공무원 보임)에 대한 채용과 인사이동 방법에 심각한 문제가 있을 것 같다. 현재 좌익활동가들의 행태로 볼 때, 지방의회 사무국 직원은 아마 지역 내 좌익 마을활동가들 중에서 채용될 가능성이 상당하다.

그런 후 빈번한 인사교류제도를 통해 빠른 시간 내 전국 지방자치단체 전체로 확산될 것 같다. 서울시로 예를 들면, 구의회 사무국 직원으로 채용된 자들이 원활한 인사교류제도(서울시 인사교류위원회)를 통해 서울시의회와 산하 각 구의회로 원할한 인사이동이 가능하도록 되어 있기 때문이다.

또한 구의회 사무국 직원으로 채용되어 지방공무원 신

분을 얻은 후 구청장 산하의 구청 직원으로도 인사이동이 가능하다. 이런 식이라면 공직 내로 들어온 좌익 마을활동가들은 빈번한 인사이동으로 지방자치단체 전체로 퍼져 네크워크화 할 가능성이 높고, 점차 지방자치단체들을 장악하는 정치적 이권카르텔로 변할 수 있다.

셋째, 지방의회 사무국 직원은 관할구역 내에 있는 교육기관, 연구기관 또는 공공기관으로도 인사이동이 가능하다. 이것이 갖는 의미가 뭘까?

지역 내 교육기관이라 함은 아마도 좌익 마을학교 등 마을교육공동체나 인권, 환경, 경제, 복지 등 각종 좌익 연구기관, 공공기관 내 좌익인사 등과도 서로 인사교류를 하겠다는 의미로 이해된다.

종합적으로 정리하면, 지방의회세력은 좌익 활동가들과 운명공동체를 이루며, 대한민국 하부 지방행정 권력을 장악하는 가장 강력한 지방 카르텔로 변할 위험이 있다.

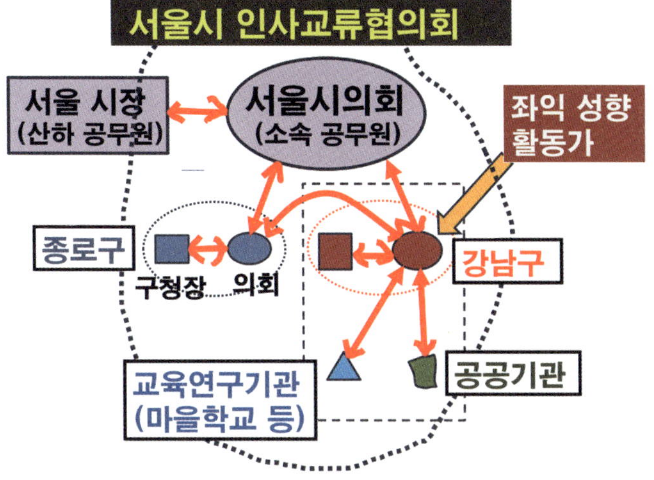

지방의회법안, 윤리특별위원회가 사상검증기관 역할할 수도

넷째, 윤리특별위원회를 주목할 필요가 있다. 이는 지방 의원의 윤리강령과 윤리실천규범 준수 여부를 심사하고 위반자를 징계하는 기관이다. 이 기관에는 심사 시 자문 하는 윤리심사자문위원회를 두고 있다.

그런데 우선 염두에 두어야 할 것은 좌익정당에서 설치 하는 윤리위원회란 윤리검증으로 포장한 사상검증기관 이라는 점이다. 그러므로 지방의회법안에서 설치하는 윤리심사위원회란 우익 지방의원들을 특히 정밀 검증, 징계하기 위한 꼼수가 있는 장치로 이해하는 것이 좋을 것이다. 즉, 우익인사들이 지방의원으로 들어오지 못하게 하거나 들어왔더라도 윤리검증을 통해 흠을 잡아 망신주고 몰아내기 위한 수단으로 악용될 가능성이 크다. 왜 그렇게 생각하느냐 하면, 지방의원이 될 때 제출해야 할 개인 신상 내용이 걸려고 하면 모두 걸 수 있을 정도로 과도하기 때문이기도 하지만, 가장 결정적 이유는 그 윤리를 심사하는 사람이 바로 그 지역내 좌익인사가 될 가능성이 농후하기 때문이다.

8장 대한민국세력, 어떻게 할 것인가?

지금까지 국민들 모르는 사이, 지방과 마을에서 일어난 적화 현상을 자세히 살펴보았다. 이제 현 정세를 종합적으로 판단한 후 '그렇다면 어떻게 행동해야 할 것인가?' 대책을 강구해야 할 것이다.

01 | 우선, 지금 대한민국 현 정세를 냉정히 통찰할 때다

이번 지방선거, 대한민국 마지막 운명을 가를 것

이번 지방선거는 단순히 도지사, 시장, 군수를 뽑는 선거가 아니다. 대한민국의 체제 존망을 결정짓는 체제전쟁이다. 냉정하게 말하면 종북 좌익세력이 지배하는 세상으로 가느냐, 아니면 1948년 건국한 자유민주주의 체제 대한민국을 회복하느냐를 결정짓는 분기점이다.

지금 대한민국은 체제전쟁 중이다. 박근혜 대통령 탄핵과 문재인 정권의 등장, 윤석열 대통령 탄핵과 이재명 정권의 등장 모두 체제전쟁에서 자유민주세력이 패배한 결과다. 종북 좌익세력이 압승한 것이다.

지금 자유민주주의 체제 대한민국은 입법부에 이어 행정부도 전복되었고, 사법부도 곧 전복될 상태에 이르렀다, 이제 마지막 진지인 대한민국 하부 지방자치단체와 읍면동 장악을 두고 치열한 전투에 들어가고 있다. 이 마지막 진지들이 그들에게 장악당하면 자유민주주의 체제 대한민국의 운명은 끝날 수 밖에 없다.

중앙권력이 빼앗기는 것도 무섭지만 국가의 하부인 지방과 마을권력이 한 번 빼앗기면 정말로 되돌리기 힘들다. 20년, 50년 집권이 아니라 나라가 멸망할 때까지 이어질 수도 있다.

대한민국, 위기의 본질은 무엇인가?

대한민국의 자유민주주의체제가 붕괴되고 있는 근본 원인은 무엇인가?

종북 주사파라는 악성종양 반체제세력을 너무 오랫동안 방치했기 때문이다. 1980년대 대학가에서 폭발적으로 일어난 주사파들은 1990년대 들어 북한과 연계한 간첩 종북으로 바뀌었다. 그리고 이들 종북 좌익세력은 북한의 지령을 받으며 30~40년간 세력을 넓혀 정치권·노동계·언론계·교육계·법조계·종교계·문화계, 그리고 지방 마을까지 국가의 대부분 진지들을 장악하기에 이르렀다. 특히 2000년대 들어 본격적으로 정치권으로 진입하기 시작했는데 불과 20여 년 만에 입법부를 압도적으로 장악했고, 이를 진지로 하여 박근혜 정부, 윤석열 정부를 연이어 무너뜨리고 오늘날과 같은 상황을 만든 것이다.

행동하지 않는 우익… 기회주의와 비겁함 반성하자

이렇게까지 체제위기가 진행된 것은 좌익의 혁명 의지와 투쟁 능력이 강한 탓도 있지만, 우익의 책임도 없지 않다.

대한민국세력, 자유민주세력은 절대적 다수임에도 불구하고 극소수 종북 좌익세력의 투쟁력에 대해 "설마. 소수의 저들이 어쩔 수 있겠어"라며 과소평가하고 방심해 왔다. 자유민주세력은 국가 공익보다는 자신의 삶에 치중했고, "정부가 해 주겠지", "누군가 해주겠지"라며 체제수호가 자신이 헤아 할 사명임을 망각했다. 자유민주세력은 그들과의 투쟁하기를 회피하거나 더러는 그들과 타협 협조하는 사이, 이런 비극적 현실에 직면한 것이다.

자유민주주의를 좋아하는 국민이 많은데도 왜 나라에 이런 위기가 닥치는 것일까. 그림으로 살펴보자.

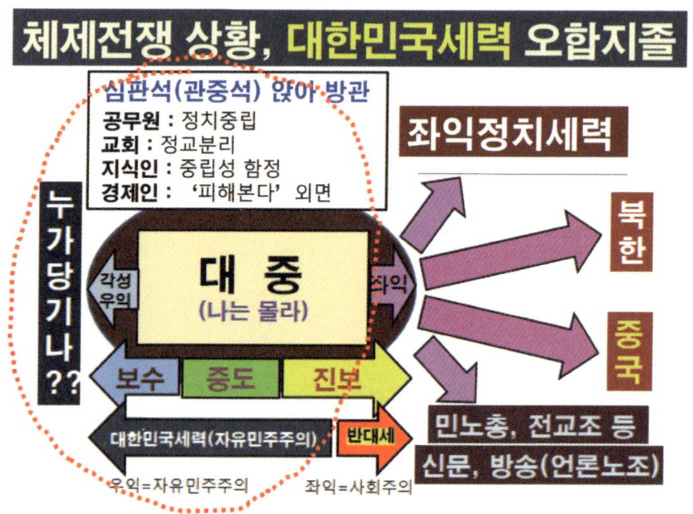

좌익세력은 소수이긴 해도 강력한 투쟁력과 단결력으로 사회주의 체제로 가는 줄을 힘차게 당겨왔다. 게다가 북한과 중국이 대남공작 등을 통해 배후에서 적화로 가는 줄에 힘을 보탰으며, 남한 내 좌익정권과 정당·민노총·전교조 등 좌익단체와 신문·방송 등은 국민들을 지속 선동해 적화로 가는 줄에 서서 당기도록 속인 때문이다.

대한민국 국민의 대다수는 자유민주주의 체제를 좋아하고 지향하지만 그것을 지키기 위해 행동에 나서는 사람은 극소수이다. 왜냐하면 국민의 다수는 자유민주주의 체제가 위기에 처했다는 사실을 모르기 때문이다. 조금 알고 있더라도 "나 하나 쯤이야"하는 생각 또는 '중립성의 함정'에 빠져 심판석에 앉거나 '구경꾼' 행동을 한다. 그래서 소수의 좌익세력에게 지속 패배해온 것이다. 이렇게 하여, 자유민주주의 우익세력이 좌익세력에 비해 절대적인 열세에 놓여 있다는 사실을 깨닫는 것이 중요하다.

이재명 정권의 지방과 마을 장악전략에 총력 대응해야

이재명 정권은 내란 프레임으로 자유민주세력을 무력화시키는 가운데 자유민주 국가통치시스템을 허물고 종북·친중 사회주의체제도 교체하는 작업에 박차를 가하는 가운데, 최후의 진지인 지방 마을을 완전히 장악하기 위해 2026년 지방선거에 총력전을 펼치고 있다.

특히 총선 직후부터 지방 장악을 위한 법제화 작업에 돌

입했다. 이는 우호적인 좌익정당(진보당 등), 민노총, 전교
조 등 강력한 좌익단체들, 그리고 전국 지방 마을에 산
재하는 각종 좌익 성향 마을공동체 단체들, 이들을 주도
하는 좌익 마을활동가세력과의 연대연합을 통해 지방선
거를 압승한다는 치밀한 전략에 따른 것이었다.

02 | 이번 지방선거, 자유민주주의체제 회복할 마지막 기회

이번 지방선거는 자유민주주의체제를 회복할 마지막 역
전의 기회다. 이번 지방선거에서 우익진영이 패배한다
면, 더욱이 좌익 마을활동가 세력이 지방과 마을권력을
장악하는 법제화까지 한다면 체제 쓰나미를 막을 방법
이 없을 것이다.

1〉 이재명 정권의 지방분권 관련 악법 저지해야

이재명 정권, 심각한 지방분권화 법령과 정책 추진

이재명 정권은 문재인 정권 이후 멈추었던 좌익형 지방
분권정책에 대한 재가동에 들어갔다. 과거보다 노골적

인 방법으로 지방권력 시스템을 바꾸려 하고 있다. 그중에 가장 핵심적인 법안이 바로 주민자치회 설치법안, 지방의회법안 등이다.

이러한 입법화와 함께 좌익정당들, 좌익단체들, 좌익 마을활동가들과의 연대연합 방법으로 지방선거에 나설 태세다.

이재명 정권이 하려는 지방과 마을 장악을 위한 법제화 플랜은 문재인 정권이 했던 것보다 더 위협적이다. 만약 이재명 정권의 지방분권을 위한 법제화 작업을 막지 못한다면 어떨까?

주민자치회와 지방자치제도마저도 좌익 마을활동가들의 손아귀에 장악당할 것이다. 다시 말하면 3,500여개 읍면동, 나아가 228개 시군구, 17개 광역자치단체들이 종북 좌익세력에 의해 수도된다는 말이다. 모든 주민들은 그들의 감시, 통제체제 아래 놓이게 될 것이다. 그러면 대한민국은 중앙권력에 이어 지방권력까지 종북 좌익세력에 장악당하는 사태에 직면할 것이다.

북한과 공산국가들, 체제바꾸는 수단은 바로 법령이었다

과거 북한이나 동유럽 국가들도 선거를 통해 다수당이 되고 의회를 통해 법령과 헌법을 바꿈으로써 공산체제를 확립한 것이다.

북한도 법령을 통해서 김일성 지지세력을 결집시키고 김일성 반대세력을 제거하였는데, 대표적인 것이 토지개혁령(1946.2)과 중요산업국유화령(1946.7)이다.

베네주엘라도 1998년 차베스가 정권을 잡은 후 49개의 법률을 제정 개정함으로써 자유민주주의 베네주엘라를 사회주의체제로 변혁한 것이다. 그리고 기업들을 몰아내고 체제전환에 반대하는 저항세력을 제거한 것이다.

이렇듯 법령 하나가 그 나라 체제를 바꾸는데 얼마나 강력한 힘을 발휘하는지 모른다.

좌익정권의 법제화 실상은 어떠한가?

국가법령정보센터 의안정보시스템에 따르면, 문재인 정권 5년 동안 국회에 제안된 법률안 건수는 32,655건이며, 이중 제정·개정된 법률안 건수는 4,025건이다. 또한 문재인 정권 5년 동안 지방의회에서 제정·개정된 조례 건수는 82,605건이다. 대통령령과 장관이 만드는 부령은 얼마나 많은가?

정상적인 국가인 일본은 매년 30여개의 법률이 제정·개정되고 있다. 그에 비해 대한민국은 법령혁명이 일어나고 있는 것이다.

앞으로 이재명 정권은 지난 문재인 정권과는 비교가 되지 않을 정도로 막무가내 입법을 자행하고 있다. 정권을 잡고 체제를 바꾸는데 도움이 된다면 그 무슨 법도 통과시킬 태세다.

심각한 문제는 일반 법학자들이 좌익들의 법령 분석 어려워

지금 우리나라에서는 무슨 법령(법률, 명령, 조례 등)이 얼마나 만들어지는지도 모를 정도다. 그런데 문제는 일반 법학자들이 지방관련 법령들을 정확히 분석하지 못하고 있다는 데 있다. 왜 그럴까?

첫째는 좌익들이 본심을 숨기고 포장용 용어를 사용해 법안을 만들기 때문이다. 그러므로 좌익들이 사용하는 용어의 의미를 별도로 공부해야 그들이 만든 법안을 해석할 수 있는 것이다.

일반 법학자들은 대부분 자유민주주의에 입각한 법률 이론과 용어를 배우고 연구해왔다. 이들은 공산주의, 사회주의 세력이 만들고자 하는 세상을 모르고 이들이 사용하는 용어의 진정한 의미를 거의 모르고 있다. 그래서 지방의회법안, 농어촌회의소법안, 지방자치기본법안, 마을공동체 활성화 기본법안 등 좌익세력이 통과시키려는 법안들의 의도나 문제점을 정확히 분석하는 것이 어려운 것이다.

둘째는 좌익세력이 의도한 목적을 여러 법안으로 분산해 넣기 때문이다. 여러 관련 법안들을 모아 놓고 짜맞추기를 해야 전체 그림을 이해할 수 있는 것이다. 좀 과하게 표현하면 수십 개의 법령, 수백 개의 법령을 퍼즐 맞추듯 해야 해석이 가능하다.

그렇다 보니, 분석해야 할 법령들의 숫자가 너무 많다. 특히 지방의회가 만드는 조례의 경우, 그 숫자가 너무 많아 실태 파악조차 하기 힘들다.

지방분권체제, 대한민국 체제 와해 지렛대로 활용

더욱이 문재인 정권은 2018년 3월 제안한 헌법개정안에 "법률이 정하지 않는 조례 제정도 가능하다"는 조항까지 두었다. 조례가 법률의 근거는 고사하고 위반하는 내용이 있어도 시정하기도 힘들 정도다. 지방의회가 독립적으로 입법권을 행사할 경우, 국가통치권의 통일성이 흔들리고 국가질서가 와해될 수 있다. 사람으로 비유하자면 손발이 뇌의 명령을 어기고 독립적으로 움직이면 정상적인 보행이 가능할까?

이재명 정권의 지방분권 법제화 막는 애국운동 펼쳐야

그러므로 자유민주세력은 이재명 정권이 추진하는 지방자치법 개정(주민자치회 전면 실시), 마을공동체 활성화 기본법안, 지방의회법안, 농어촌회의소법안 등 법제화 작업을 막아야 한다. 일반 국민은 법제화의 위험성을 너무 무시하는 경향이 강하다.

일반 국민은 선거에 이기고 정권을 잡으면 모든 게 정상으로 돌아가는 것으로 착각하고 있다. 법제화가 되면 선거에 이겨도 원래 없었던 상태로 돌아갈 수 없다. 법제화가 그만큼 무서운 것이다.

2〉이재명 정권의 지방선거 전략과 대응방안

내란 프레임 공세에 대한 역프레임으로 무력화해야

이재명 정권은 윤석열 대통령을 내란수괴, 국민의힘을 내란정당으로 몰아가는 작전을 가속적으로 구사할 것이다. 이는 국민의힘과 자유민주진영의 지방선거 역량을 위축시킬 뿐 아니라 내부 분열을 조장할 수 있는 프레임이기 때문이다.

이 공세와 함께 자유민주진영의 내분을 유도하는 작전을 전개할 가능성이 높다. 대통령 탄핵 때도 내부 분열

현상이 있었듯이 지방선거를 앞두고도 분열적 행동들이 곳곳에서 돌출할 가능성이 높다.

그러므로 우익진영은 방심하지 말고 내란프레임과 분열 공작을 경계하며 당의 분열을 막고 일심동체가 되도록 하기 위해 당 정체성을 확립하는 사상무장 정신교육 등을 철저히 해야 할 것이다.

이재명 정권의 좌익 지방세력간 연합전술, 무력화해야

이재명 정권과 더불어민주당은 진보당, 조국혁신당, 기본소득당, 지역당연합 등 여러 좌익정당과 만든 연대연합전술을 펼칠 것이다.

이러한 전술은 2024년 총선 때 적용한 것인데, 윤석열 대통령 탄핵 때 효과를 보았다. 이 연대연합전술은 앞으로 있을 지방선거, 총선 등에시도 석용될 것이다. 이번 지방선거에서는 좌익정당들과의 연대연합에 머물지 않고, 지방권력을 가진 모든 세력 즉 민노총, 좌익 마을활동가 등과 연대연합하는 방향으로 확대될 것이다.

그러므로 더불어민주당은 진보당 등 좌익정당, 민노총, 좌익 마을활동가 등 연합세력의 요구사항을 법제화해주는 방법으로 야권연대팀을 단결시키며 지방선거체제로 임할 것이다.

대한민국세력, 어떻게 대응해야 할까?

첫째, 현실을 있는 그대로 직시해야 한다. 우익정당 등 자유민주세력은 지방선거를 앞두고 지금까지 해왔던 것처럼 여론조사를 들먹이고, 피상적인 정치분석을 하며, 희망회로를 돌리는 데서 벗어나야 한다. 좌익진영의 전략전술을 예의주시하면서 그들의 프레임 공세에 대응하는 역프레임 등 효과적인 대응책을 강구해야 할 것이다.

지방과 마을을 장악하고 있는 좌익 마을세력의 실상과 위험성을 주민들에게 있는 그대로 소상히 알려야 한다. 그리고 좌익정권과 좌익정당들이 추진하는 마을 악법 및 정책들을 간명히 정리해 주민들에게 소상히 알려야 한다. 나아가 그들의 전략전술을 분석하고 우리가 취해야 할 전략전술도 지속적으로 알려야 한다.

둘째, 자기만 알고 마는 것은 매국이다. 먼저 깨어난 사람이 아직 깨어나지 못한 주민들에게 진실을 전파하는 주민깨우기운동 만이 우리 마을과 대한민국을 살릴 수 있다. 이것이 국민운동의 핵심이다.

03 | 어떻게 우리 마을을 지킬 것인가?

지금 대한민국의 체제위기를 극복할 방법은 국민·유권자각성밖에 없다. 지금 대한민국 체제전쟁 양상은 선거를 통해 결정되기 때문이다. 대통령, 국회의원, 단체장, 지방의원 등 모두 선거를 통해 결정되고, 그 선거도 거대한 2개의 정당 중 이느 하나를 선택하는 방식으로 이루어지고 있다. 선택의 여지가 없다. 둘 중 하나다. 제3의 줄이 없다. 결국, 대한민국의 운명은 국민들, 주민들이 정당과 선거에 대한 이해 없이는 결코 지금 당면한 체제위기를 극복할 방법이 없다. 문제는 어떻게 국민과 유권자를 깨울 것인가에 달렸다.

어떻게 국민과 유권자들을 깨울 것인가?

어떻게 이들에게 대한민국 상황을 이해하게 할 수 있을까? 저자의 경험으로 볼 때, 가장 효과적인 방법은 바로 주민들에게 "마을이 위험하다"는 것을 알리는 것이었다. 저자는 2021년 5월부터 "주민자치기본법, 공산화의 길목"이라는 교재를 가지고 전국 순회특강을 실시했는데, 깨어난 분들과 힘을 합해 주민자치기본법안을 5개월 만에 저지한 경험이 있다.

당시 특강 참석자들은 "대한민국이 적화되고 있다"라는 말에는 "긴가 민가"하는 반응을 보이다가도 "여러분이 사는 마을이 위험하다"며 사례들을 제시해주자 "우리 마을에도 이런 일이..."라며 눈이 둥그레지며 충격과 흥분을 감추지 못하는 것을 보았다. 자신이 사는 마을에서 일어나는 문제여서 훨씬 현실감 있게 위기의식을 느끼기 때문이었다. 주민깨우기운동이 국민깨우기운동의 가장 좋은 전략이라는 것을 절감한 것이다.

체제전쟁 승리비법, "송곳전술로 적을 공략하자"

한국 우익사상 분야의 권위자 양동안 교수는 우리 우익세력이 좌익세력을 대응하는 방법으로 '송곳전술'을 강조했다.

'송곳전술'이 뭔가? 주먹으로 합판을 치면 구멍이 뚫리지 않지만 송곳으로 찌르면 합판이 뚫린다는 것이다. 우익세력은 조직력과 투쟁 역량이 좌익세력에 비해 극히 부족함을 인정하고 송곳처럼 에너지를 한 곳으로 집중해 공략해야 한다는 것이다. 즉 좌익세력의 가장 약한 고리, 즉 취약한 급소에 에너지를 집중해 공격하는 전법이 필요한 것이다.

그리고 그 급소를 거듭 반복적으로 치는 것이다. 마치 도끼로 나무 밑둥치를 치듯이 말이다. 그것도 한 곳을 집중해서 100번 1,000번 무너질 때까지 거듭 반복해서

치는 것이다. 자세한 체제전쟁 전략전술에 대한 자세한 설명은 "체제전쟁 마스터플랜" 책을 참고하기 바란다.

공략할 급소, 그곳은 어디인가?

대한민국세력은 무엇을 공략해야 하는가? 주민들에게 무엇을 알려주어야 하는가? 주민깨우기운동의 핵심은 무엇인가?

종북·친중 좌익세력의 사상적 위험성을 정확히 주민들에게 알리는 것이다. 체제위기의 심각성을 제대로만 알린다면 자유민주주의를 좋아하는 대부분 국민들은 의분을 느끼고 행동에 나설 것이다.

체제전쟁 프레임, 5,200만명에게 지속 알리자

다시 정리하면, 우리 마을과 지방이 적화(공산화)되고 있다는 사실을 알리는 것이다. 이때 좌익에게 유리한 프레임(진보-보수)으로 설명하지 말고, 대한민국세력에게 절대 유리한 프레임을 가지고 설명하는 것이다. 적진에 들어가 싸우지 말고 적을 우리 집 마당으로 끌어들여 싸워야 한다는 말이다.

대한민국세력은 우리에게 유리한 프레임으로 싸워야 하고, 그 프레임으로 국민들을 깨워야 한다. 말하자면, "지금 대한민국은 체제전쟁 중이다. 총소리가 없지만 치열한 내전이 일어나고 있다. 누구와 누구의 전쟁이냐 하면, 공산주의, 사회주의체제로 바꾸려는 좌익세력과 자유민주주의체제를 지키자는 우익세력 간의 전쟁이다. 이는 자유민주주의 대한민국을 허물자는 반대한민국세력과 1948년 건국된 자유민주주의 대한민국을 지키자는 대한민국세력과의 전쟁이다"라는 간명한 프레임으로 지속 반복 전파하면 된다.

이러한 체제전쟁 프레임은 지난 대통령 탄핵과정에서도 빛을 발휘했다. "체제전쟁", "대한민국세력과 반대한민국세력" 등과 같은 멋진 프레임은 국민깨우기운동에서 100만 대군보다 더 강력한 힘을 발휘한다.

2025년 1월 2030세대가 대거 거리로 몰려나온 것은 대통령 탄핵이 곧 체제전쟁임을 깨달았기 때문이다. 1월 중순 호남인들도 윤석열 대통령 탄핵반대가 45%에 이르는 여론조사가 있기도 했다. 이러한 현상은 그들이 윤석열 대통령을 좋아해서라기보다는 자신이 살아야 할 대한민국에서 자유민주주의 체제가 무너지면 안 된다는 체제위기 의식 때문이었다. 이들이 들고 있던 팻말, 외치는 구호 등을 통해 잘 알 수 있다. "계몽령", "체제전쟁", "자유민주주의 수호", "차이나 아웃", "종북 좌익", "Stop the steal" 등이 이들이 뛰쳐나온 이유를 설명하는 것이다.

결국, 지금 대한민국 국민들을 깨우는 비법도 바로 종북세력의 실체와 대한민국 체제위기인 것이다.

체제전쟁 교재, 모든 대세전사들이 공유하자

따라서, 체제위기의 실상을 종합적으로 분석한 교재를 읽는 데서부터 시작해야 한다. 교재는 "마을전쟁", "체제전쟁 마스터플랜", "반대한민국세력의 비밀이 드러나

다” 등을 권한다. 소모임 별로 이러한 교재를 읽고 행동
에 나서야 하는 것이다. 교재를 읽지 않고 행동에 나서
는 것은 위험하다. 곧 길을 잃고 적전 분열상태를 자초
할 수 있기 때문이다.

대한민국 국민들이 마을의 위험성을 깨닫기만 하면 큰
변화가 일어날 것이다. 대한민국 국민 속에는 6·25전쟁
에서 체득된 반공정서가 내재되어 있다. 주민들은 “우리
마을이 좌익들의 손에 넘어가고 있구나.”라는 사실을 깨

닫는 순간, 의분이 일어나고 마을의 분위기가 사뭇 달라
질 것이다.

작은 물방울들이 하나로, 전국적 대세마을운동 전개해야

지금 대한민국에 닥친 지방과 마을의 체제위기는 어느
한 사람, 어느 한 조직이 막을 수 있는 성질의 것이 결코
아니다. 대한민국세력이 모두가 동참하는 대세운동이
되어야 가능한 것이다.

대세운동이란 무엇인가? 대세(대한민국세력)-반대세(반대
한민국세력) 프레임에 입각한 체제수호운동이다. 1948년
건국한 대한민국을 사랑하는 국민들이 스스로 "나는 누
구인가", "대한민국은 어떤 나라인가?"를 되물으며, 대
한민국 국민으로서 정체성을 확립하고 모든 국민들에게
전파하여 내재화하자는 국민정신운동인 것이다. 현재처
럼 모래알처럼, 콩가루처럼 해체되는 대한민국을 다시
우뚝 세우려면 대한민국 국민이 모두 공유해야 할 가치
관, 뼈대를 다시 세우지 않으면 안되기 때문이다.

대세운동은 쉽게 말하면 대한민국세력의 정체성 확립운동이다. 이 운동은 저자가 광우병 사태를 계기로 쓴 "반대세의 비밀, 그 일그러진 초상"을 출간(2009)한 이후 제창한 국민운동이다.

이 대세운동은 대한민국이라는 국가를 중심으로 가치관을 정립하자는 운동으로, 미국 트럼프이 제창한 MAGA 운동(미국이라는 국가 중심 세계관 확립 국민운동)과 유사하다.

대세마을운동은 무엇인가? 대세운동에 입각한 마을운동이다. 대한민국 자유민주주의체제에 입각한 건강한 마을운동이 일어나, 반체제 마을운동이 자연스럽게 소멸되도록 하는 것이다.

대세운동과 대세마을운동은 특정인이 주도하는 거대한 전국적인 조직운동은 바람직하지 않다. 작은 물방울들이 하나의 구름을 이루고 비와 눈을 뿌리고 천둥과 번개를 만들어 내듯, 작고 자발적인 소모임들이 동일한 내비게이션(대세이론)을 공유함으로써 하나로 행동통일하는 국민운동을 지향하는 것이다.

이 국민운동에 청년들과 기독교인들이 동참한다면 순식
간에 들불처럼 번져 무너져 가던 대한민국을 회복시키
는 대역전극을 만들어 낼 것이다. 그러면 미국 등 자유
세계도 박수를 치며 호응할 것이다.

이제, 그들의 시대가 끝나고 있다

하나님은 우리와 함께 하실 것이다

우리 자유민주주의 대한민국세력은 정의와 진리에 기반한 세력이다. 자유민주주의는 진실과 정의의 밝은 빛이고, 공산주의는 거짓과 어둠의 붉은 빛이다. 그래서 우리가 승리해야 하고, 승리할 수 있다. 하나님이 우리를 도울 것이다.

사악한 세력, 그 운명의 끝이 다가오고 있다

이들 종북 주사파, 공산주의세력에게 운명의 종말이 다가오고 있다. 그들의 실체가 만천하에 알려지고 있기 때문이다.

종북세력, 공산주의세력은 대중이 속을 때 무서운 것이지 대중들이 그들의 실체를 알고 속지 않으면 힘을 잃는다. 양의 탈이 벗어져 늑대의 본모습이 드러나는 순간 이미 무서운 존재가 아니다.

국민들은 점점 더 그들의 실체를 깨닫고 있다

그들은 겉으로는 평화, 민주, 진보, 인권을 말하지만 속으로는 거짓되고 사악한 세력이다. 정의로 위장한 가장 부정의한 세력이다. 이들에게는 진실과 정직이 없다. 오로지 거짓과 속임수만 있을 뿐이다.

그들은 "대한민국"을 내세우나 진짜 대한민국세력이 아니다. 그들은 "진짜 대한민국", "다시 대한민국"이라고 하는데, 그 의미는 지금까지 자유민주주의 대한민국은 '가짜 대한민국'이었고 앞으로 자기들이 만들 사회주의 체제 대한민국이 진짜 대한민국이라는 의미다.

이들은 내 편은 정의로운 세력이고 반대편은 불의한 적폐세력·반동분자로 매도하는 국민 분열세력이다. 국민들을 둘로 나누는 이분법은 그들의 사악한 마음에서 비롯된 것이다. 반대세력을 죽여야 좋은 세상이 오고 자신들이 지배하는 세상을 이룰 수 있다는 사악한 분노와 이기심에서 나온 것이다.

이제 국민들은 대한민국에서 일어나고 있는 그들과의 체제전쟁이 사탄과의 영적전쟁임을 깨닫고 있다.

반대세를 포위하는 거대한 그물망, 만들어지고 있어

이제 대한민국에서 그들을 가두는 거대한 그물망이 둘러쳐지고 있다. 2030세대를 중심으로 젊은 세대가 만들어내는 촘촘한 그물망이다. 00.10.20.30세대가 만드는 40여 년의 그물망이다. 2030세대가 앞서고 20대 형 누나들의 영향을 받는 10대가 있고, 10대 형 누나들의 영양을 받는 어린 00세대가 자라고 있다. 거기에 젊은 맘들이 배후에 있다. 젊은 맘들이 빠른 속도로 깨어나고 있는데, 자신들의 자녀가 살아야 할 대한민국이 공산화되면 안 된다는 모성애의 발로다.

여기에다 오랫동안 대한민국을 발전시키고 지켜왔던 노령세대가 젊은 세대에 힘을 실어주고 버팀목 역할을 하고 있다. 607080대가 그들이다.

4050세대가 중간에 고립된 형국이다. 지금 4050세대 내에서도 "이건 아닌데"라는 반성의 기운이 일고 있다. 이재명 정권과 민노총 등 극좌세력의 극단적 행동을 보고 실망한 좌경세력이 이탈하는 조짐도 있다.

가장 고무적인 것은 공직자들의 각성 움직임

102030세대의 각성도 놀랍지만, 공직자들의 보이지 않는 각성현상을 주목할 필요가 있다. 이들이 각성되어야 그간 좌익정권에서 만든 악법들을 다시 교정할 수 있기 때문이다. 이들은 정부 권력을 가진 세력이고, 부처별로 악법들과 제도, 정책들을 바꾸는 방법과 능력을 가진 인재집단이기 때문이다.

마을전쟁의 실체, 국민대각성운동의 불을 붙일 것

이러한 국민각성운동이 일어나고 있는 가운데, 지방과 마을을 장악하기 위한 이재명 정권과 좌익 마을세력의 거대한 음모가 밝혀진다면, 이는 대한민국 저변에 누적된 가스층에 불꽃을 던지는 결과를 낳을 것이다.＊

"우리 마을이 위험하다"

우리 마을은 우리가 스스로 지켜야 한다는
자각을 가지고 이웃들에게
사실을 전파하는 수단으로 활용하기를 바란다.

이 책과 핵심 내용이 전국 지방 3,560여 개 읍·면·동까지
전파됨으로써 주민깨우기운동이
거세게 일어나기를 소망한다.